KB270533

다락원 | Spark Publishing

음향과 분노

The Sound and the Fury

월리엄 포크너

다락원 | Spark Publishing

SPARKNOTES™ 046

음향과 분노

펴낸이 정규도
펴낸곳 (주)다락원

초판 1쇄 인쇄 2011년 10월 7일
초판 1쇄 발행 2011년 10월 14일

책임편집 안창열
디자인 정현석
번역 이진준
표지삽화 손창복

다락원 413-830 경기도 파주시 문발로 211
내용문의: (031)955-7272(내선 400)
구입문의: (02)736-2031(내선 112~114)
Fax: (02)732-2037
출판등록 1977년 9월 16일 제300-1977-23호

Copyright © 2011, 다락원

값 7,000원

ISBN 978-89-277-1995-3 43740

세계의 교양을 읽는다

고전을 왜 읽는가?

인간의 삶과 세상에 대한 영원한 물음이 있기 때문이다. 시대와 사상을 뛰어넘어 지금 여기 우리에게 필요한 물음이 없는 고전은 더 이상 고전이 아니다. 인간과 삶에 대한 근원적인 물음 없이 고전을 읽는다면 자신과 인간에 대한 성찰과 지혜로 이어지지 않는다. 논술 시험 때문에, 과제물 때문에, 아니면 남들이 읽으니까, 나도 읽는다는 식이라면 그 책은 죽은 책일 수밖에 없다.

고전을 살아 있는 책으로 만드는 이 '물음!'에 답하기 위해서는 좋은 길잡이가 필요하다. 오랜 기간 동안 미국의 고교생과 대학 주니어들이 시험, 에세이 작성, 심층토론 준비를 위해 바이블처럼 애용해온 'SPARKNOTES'와 'CliffsNotes'는 바로 그런 좋은 길잡이의 표본이다.

SPARKNOTES와 CliffsNotes의 가장 큰 장점은 방대하고 난해한 고전을 Chapter별로 요약하고 분석해서 원전의 내용에 보다 쉽고 체계적으로 접근하는 신속·간편성이라고 할 수 있다.

대입논술로 고민하고, 자칭 타칭의 고전이 넘쳐나는 오늘의 독서 풍토에서 지적 정복이 긴박한 대한민국 학생들에게 감히 이 시리즈를 자신있게 권한다.

—以貫之 논술연구모임 연구실장 이호곤

차례

이 책의 구성

SPARKNOTES와 CliffsNotes는 방대하고 난해한 원작을 보다 쉽게 이해할 수 있도록 돕는 안내서입니다. 여기에는 원작 이해를 돕기 위해 매 장마다 '요점 정리(또는 줄거리)'와 '풀어보기'가 실려 있습니다. '요점 정리(또는 줄거리)'에는 원저의 내용을 일목요연하게 정리해 놓아 저자가 전달하려는 내용을 어렵지 않게 파악할 수 있습니다. '풀어보기'에서는 철학서의 경우, 원저에 담긴 저자의 사상이나 관련 철학, 시대 상황, 논점 등을, 문학 작품인 경우에는 원작에 담긴 문학적 경향, 등장인물의 심리상태, 주제 등을 설명해 놓았습니다. 분석적이고 비판적인 글읽기의 바탕이 되는 요소들이죠. 비소설이나 소설을 막론하고 분석적이고 비판적인 글읽기는 독자에게 꼭 필요한 자질입니다.

그밖에도 원저를 좀더 깊이 복습해서 제대로 소화할 수 있도록 돕기 위해 'Study Questions'와 'Review Quiz' 등을 마련해 놓았습니다.

* 〈 〉는 철학서, 장편소설, 중편소설, 수필집, 시집. " "는 단편소설, 논문
* 작품명은 독자의 이해를 돕기 위해 예외적인 경우를 제외하고는 영어식으로 표기함.

간추린 명작 노트

월리엄 포크너(William Faulkner)는 1897년, 미시시피 주 알바니 남부의 명문가에서 태어났다. 그의 많은 선조들은 멕시코 전쟁*, 남북전쟁**, 남부 재통합***에 참여했으며, 그 지방의 철도사업과 정치에도 관여했다. 포크너는 어린 나이에 이미 시를 쓰고 그림을 그리는 등의 예술적 재능을 보였으나 학교 공부에 싫증을 느껴 고등학교를 중퇴했다.

포크너는 미시시피 주 옥스퍼드 읍에서 성장했으며, 나중에 돌아와 유명한 저택 로완 오크를 구입했다. 옥스퍼드와 그 주변지역은 포크너가 허구로 만들어낸 미시시피 주 요크나파토파 군(Yoknapatawpha County)과 제퍼

---

* **멕시코 전쟁**(Mexican-American War. 1846-48): 1836년 혁명을 통해 멕시코로부터 독립한 텍사스가 1845년 미국에 합병되자, 멕시코가 반발하면서 발발. 미군이 뉴멕시코와 캘리포니아에 이어 수도 멕시코시티까지 점령하자, 다급해진 멕시코가 평화협정을 요청하면서 종전되었다. 이후, 미국은 1,825만 달러를 지불하고, 뉴멕시코, 캘리포니아, 콜로라도, 와이오밍 주를 할양받았다.

** **남북전쟁**(Civil War. 1861-65): 노예제를 지지하는 농업 중심의 남부와 자유임금제를 내세우는 공업 중심의 북부가 대립하는 와중에 링컨 대통령이 노예해방을 선포하자 남부의 주들이 연합을 형성하고 합중국으로부터의 분리 독립을 주장하며 일으킨 내전. 북부의 승리로 막을 내렸다.

*** **남부 재통합**(Southern Reconstruction. 1865-77): 남북전쟁에서 패한 남부는 폐허가 되었고, 사기가 떨어져 있었다. 많은 남부인들은 정치적·사회적 영향력이 위협받게 되자 흑인들의 평등권 획득을 가로막기 위해 불법적 수단을 사용했다. 그 결과, 흑인에 대한 폭력이 더욱 빈발하고, 무질서가 판을 치자, 1870년, 의회에서 해방노예들의 공민권을 박탈하려고 하는 사람들을 엄벌하는 시행령을 통과시켜 모든 남부인들의 결속을 시도했다.

슨(Jefferson) 읍에 영감을 주었고, 많은 작품의 배경이 되었다. 포크너의 '요크나파토파 소설들'에는 〈음향과 분노 *The Sound and the Fury*〉(1929), 〈임종의 자리에 누워 *As I Lay Dying*〉(1930), 〈8월의 빛 *Light in August*〉(1932), 〈압살롬, 압살롬! *Absalom, Absalom!*〉(1936), 〈촌락 *The Hamlet*〉(1940), 〈모세여, 내려가라 *Go Down, Moses*〉(1942)가 포함되며, 일부 인물들과 지역들이 겹쳐 등장한다.

특히 남북전쟁 이후에 진행된 최남부 지역(Deep South. 조지아, 앨라배마, 미시시피, 루이지애나, 사우스캐롤라이나 주)의 쇠퇴에 관심을 가졌던 포크너의 많은 소설은 내전과 재건기를 거치며 부와 생활방식이 파괴된 남부 귀족 사회의 퇴보를 탐구하면서 요크나파토파 군을 뼈대만 남은 오래된 저택들과 과거의 위인들, 가부장들, 장군들의 망령들로 가득 채운다. 집안의 위대한 역사에 부응하는 행동을 하지 못하고 과거의 영광에 파묻혀 현실과 괴리된 부패한 옛 남부의 가치, 규범, 신화에 매달리려고 드는 그 귀족 가문들은 실패한 아들들, 수치스러운 딸들, '검둥이' 노예제도의 여파로 인한 백인들과 '검둥이'들의 감정 서린 분노로 넘쳐난다.

아주 실험적인 문체로 인해 20세기의 가장 위대한 소설가의 한 사람으로 평가받는 모더니즘 문학의 개척자 포크너는 그 이전 시대의 전통적인 형식과 구조에서 극적으로 탈피하면서 종종 '의식의 흐름' 기법과 내면의 독백을 활용하고, 연대기적인 순서에 대한 모든 개념을 버리고, 여러 화자들을 등장시키고, 현재시제와 과거시제 사이를 넘나들며 불가능할 정도로 길고 복잡한 문장을 구사하는 경향이 있다. 훗날 수많은 작가들이 영어의 가능성을 계속 실험할 수 있도록 길을 터놓은 문체상의 대담한 혁신 덕분에 일부 작품들은 당연히 독자들을 크게 매혹시켰고, 그 노력은 포크너에게 노벨 문학상(1949)과 두 차례의 퓰리처상을 안겨주었다. 시인이 되려다가 소설가로 전향했던 윌리엄 포크너는 1962년, 미시시피에서 영면했다.

남북전쟁 이전부터 미시시피 주 제퍼슨 읍의 명문가 캄슨 가문의 몰락을 다룬 〈음향과 분노〉는 두말할 나위 없이 가장 해석하기 어려운 작품들 가운데 하나이자, 가장 혁신적이고 실험적인 미국 소설의 한 편으로 인식되고 있다. 포크너는 여러 등장인물들이 각각 내보이는 어린 시절의 주관적 기억을 통해 사건과 이미지들을 그려 인간의 경험을 제시하는데, 사건들이 의도적으로 애매하게 되어 있고 혼란스럽게 전달되는 것이 특징이다. 이처럼 아주 불분명하고 난해한 이 소설의 '의식의 흐름' 문체는 형식상으로는 복잡해도 독자에게 강렬한 인상을 주고 아주 감동적이다.

줄거리를 전통적인 방식으로 요약하기 어려운 〈음향과 분노〉는 피상적으로 간단히 요약하면 세 명의 캄슨 형제가 누이 캐디에게 집착하는 모습을 네 개의 장(章)에서 각각 다른 목소리로 연대기적 순서 없이 말하고 있는데, 해석하고 이해하기 위해서는 강한 집중력과 인내심이 요구된다.

처음 세 장은 서로 다른 날에 포착된 캄슨 삼형제—"1928년 4월 7일"은 서른세 살짜리 정박아 벤지, "1910년 6월 2일"은 자살을 앞둔 하버드대 학생 퀜틴, "1928년 4월 6일"은 농업용품점 점원이면서 집안의 가장 역할을 떠맡은 비열한 제이슨—의 뒤얽힌 생각, 목소리, 기억으로 구성되어 있다. 그리고 "1928년 4월 8일"자의 네 번째 장은 포크너가 객관적인 목소리로 서술하지만, 캄슨 집안의 아이들을 헌신적으로 양육하는 '검둥이' 가정부 딜시에게 초점이 맞춰져 있다. 이 작품에서 작가는 누이 캐디에 대한 삼형제의 기억을 통해 한때는 저명했던 캄슨 가문의 쇠퇴를 예언하고 남북전쟁 이후 남부 귀족 계급의 몰락을 살펴보기 위해 하나의 상징적 순간을 이용한다.

미시시피 주 제퍼슨 읍의 몇몇 저명한 가문에 속하는 캄슨 가의 선조들은 그 지방의 개척을 도왔고, 남북전쟁 때는 그곳을 지켰으며, 전후에는 그들의 부와 땅과 지위가 서서히 무너지는 과정을 지켜보았다. 캄슨 씨는 변호사였으나 술에 빠져 살고, 캄슨 부인은 건강을 지나치게 걱정하는 심기증(心氣症) 환자이며, 3남 1녀의 양육은 거의 딜시의 몫이었다. 장남 퀜틴은 예민한 신경과민증 환자이고, 고집은 세지만 사랑과 정이 많은 캔데이스(캐디)는 벤지와 퀜틴에게 어머니와 애정의 상징이며, 어릴 때부터 까다롭고 비열한 제이슨은 주로 형제들에게 따돌림을 당하고, 백치 벤지는 시간과 도덕 개념이 전혀 없다.

그러나 캐디가 나이를 먹어가면서 행실이 난잡해지기 시작하자 퀜틴은 괴로워하고, 벤지는 발작적으로 징징거리고 울어댄다. 캄슨 씨는 하버드대에 진학한 퀜틴의 학비를 마련하기 위해 많은 땅을 처분한다. 순결을 잃고 임신한 캐디는 아이 아버지의 이름을 댈 수 없거나 대려고 하지 않지만, 아마 읍내의 달턴 에임즈인 것 같다.

캐디의 임신 때문에 좌절한 퀜틴은 아버지에게 캐디와 근친상간을 저질렀다는 거짓말로 그 임신에 대해 그릇된 책임을 지려 하지만, 캄슨 씨는 캐디의 난잡한 행동과 퀜틴의 이야기를 무시하고 일찍 북동부로 가라고 말한다.

캐디는 경솔한 짓을 감추기 위해 인디애나에서 만난 은행가 허버트 헤드와 서둘러 결혼한다. 제이슨을 은행에 취직시켜 주기로 약속했던 허버트는 캐디가 다른 사람의 아이를 임신했다는 사실을 알게 되자 이혼하고, 취직 약속도 파기한다. 한편, 캐디 때문에 절망한 퀜틴은 대학 1학년을 마치기 직전 찰스 강에 뛰어들어 자살한다.

캄슨 집안은 캐디와 의절하지만, 손녀 퀜틴 양은 받아들여 딜시에게 양육을 맡긴다. 퀜틴이 자살한 지 약 1년 후 캄슨 씨가 알코올 중독으로 세상을 떠나자, 읍내 농업용품점에서 일하는 제이슨이 집안의 가장이 된다.

반항기 넘치고 퇴폐적인 소녀로 성장한 퀜틴 양은 고압적이고 심술궂은 외삼촌 제이슨과 끊임없이 충돌하다가 1928년 부활절 주일, 제이슨의 금고에서 수천 달러를 훔쳐 순회극단 단원과 함께 도주한다. 제이슨은 퀜틴 양을 뒤쫓지만 잡지 못하고, 딜시는 벤지와 자식들을 데리고 부활절 예배를 드리러 교회에 간다.

제목에 대한 주해

제목은 윌리엄 셰익스피어의 〈맥베스 *Macbeth*〉에 나오는 구절을 가리킨다. 스코틀랜드 국왕이 된다는 마녀의 예언과 아내의 설득에 넘어가 왕을 시해한 장군 맥베스는 아내가 실성하고 자살하자 삶이 혼돈 속으로 빠져드는 것을 느낀다. 제목 이외에도 몇몇 중요한 모티프를 맥베스의 짧은 독백(제5막 5장 18-27행)에서 찾을 수 있다.

내일, 또 내일, 또 내일이

날마다 이렇게 눈에 띄지 않는 속도로 살금살금 기어

기록된 시간의 마지막 음절까지 나아가고,

우리의 모든 어제들은 어리석은 자들에게 티끌 같은

죽음으로 가는 길을 밝혀주고 있네. 꺼져라, 꺼져, 덧없는 촛

불아!

인생이란 기껏해야 걸어가는 그림자, 가련한 배우

자기가 맡은 시간을 무대 위에서 활보하고 속을 태우다가

이어 조용히 사라져가는 것. 그것은 바보가

지껄이는 이야기, 음향과 분노로 가득하지만

아무런 의미도 없는 것.

Tomorrow, and tomorrow, and tomorrow

Creeps in this petty pace from day to day

To the last syllable of recorded time,

And all our yesterdays have lighted fools

The way to the dusty death. Out, out, brief candle.

Life's but a walking shadow, a poor player

That struts and frets his hours upon the stage,

And then is heard no more. It is a tale

Told by an idiot, full of sound and fury,

Signifying nothing.

저능아 벤지가 1장을 서술하는 〈음향과 분노〉는 문자 그대로 '백치가 지껄이는 이야기'로 시작된다. 이 소설의 주된 관심사는 '내일, 또 내일'과 흡사한 시간, '티끌 같은 죽음'을 상기시키는 죽음, 인생은 '아무런 의미도 없는 것'이라는 맥베스의 탄식을 분명히 가리키는 무와 해체를 포함한다. 게다가 퀜틴은 캄슨 가문이 한낱 위대한 과거의 그림자로 해체되었다는 의식에 시달린다.

맥베스는 독백에서 인생은 단지 과거의 그림자에 불과하며, 자신과 같은 현대인은 제대로 준비가 되어 있지 않고 과거의 위대함에 버금갈 어떤 것도 성취할 수 없다고 암시한다. 이런 생각을 재해석한 포크너는 만약 사람이 퀜틴처럼 자살을 선택하지 않는다면, 유일한 대안은 제이슨처럼 뻐딱해지고 물질적이 되거나 또는 인생을 무의미한 일련의 이미지, 소리, 기억 이상으로는 볼 수 없는 벤지처럼 백치가 되는 것이라고 암시한다.

● **캐롤라인 캄슨** Caroline Compson | 캄슨 씨의 아내이자, 퀜틴, 캐디, 제이슨 캄슨 4세, 벤지의 어머니. 자기연민과 자기도취에 빠져 있으며, 심기증 때문에 자녀를 제대로 돌보지 못한다.

● **퀜틴 캄슨** Quentin Compson | 캄슨 가의 맏아들이자, 두 번째 장의 화자. 예민하고 지적이며, 누이동생 캐디에 대한 사랑과 캄슨 가의 명예에 대한 생각에 사로잡혀 있다. 하버드 대학교 1학년을 마치기 직전에 강에 투신자살한다.

● **캐디 캄슨** Caddy Compson | 캄슨 가의 둘째이자 외동딸. 실제 이름은 캔데이스(Candace). 퀜틴과 매우 가깝다. 자라면서 생활이 난잡해지고, 다른 사내와의 혼전임신 때문에 허버트 헤드와 결혼했다가 이혼당한다.

● **제이슨 캄슨 4세** Jason Compson IV | 캄슨 가의 차남이자, 세 번째 장의 화자. 비열하고, 인색하고, 아주 냉소적인 인물이다.

● **벤지 캄슨** Benjy Compson | 캄슨 가의 막내이자, 첫 번째 장의 화자. 본래 이름은 모리 캄슨(Maury Compson)이었으나 백치로 판명된 1900년, 벤저민(Benjamin)으로 개명했다.

● **퀜틴 (양)** (Miss) Quentin | 캐디의 사생아. 캐디가 이혼한 후 캄슨 집안에서 성장한다. 반항적이고 난잡하게 지내다 제이슨의 돈을 훔쳐 순회극단 단원과 함께 달아난다.

● **딜시** Dilsey | 캄슨 가의 '검둥이' 가정부. 경건하고, 동정심과 책임감이 강하며, 건전한 윤리관을 가졌다. 캄슨 가를 안정시키는 인물.

● **로스커스** Roskus | 딜시의 남편이자, 캄슨 가의 하인. 심한 류머티즘으로 고생하다가 세상을 떠난다.

● **티피** T.P. | 딜시의 아들. 캐디의 결혼식 날 벤지와 술을 마시고, 퀜틴과 싸움을 벌인다.

● **버쉬** Versh | 벤지를 돌보는 딜시의 아들.

● **프로니** Frony | 딜시의 딸이자, 러스터의 어머니. 캄슨

가에서 부엌일을 한다.

● **러스터** Luster | 프로니의 아들이자, 딜시의 외손자. 1928년, 두 배나 나이를 더 먹은 벤지를 돌본다.

● **붉은 넥타이의 사내** the man with the red tie | 퀸틴 양과 눈이 맞아 함께 도주하는 순회극단 단원.

● **대무디** Damuddy | 캄슨 가 아이들의 할머니. 아이들이 어릴 때 세상을 떠난다.

● **모리 바스콤 외삼촌** Uncle Maury Bascomb | 자형 집에 얹혀 살아가는 캄슨 부인의 동생. 캐롤라인은 벤지가 태어났을 때 외삼촌과 같은 '모리'라는 이름을 붙여주었으나 백치라는 사실이 밝혀지자 친정의 명성에 누를 끼칠 것이 염려스러워 이름을 바꾼다.

● **패터슨 부부**(Mr. and Mrs. Patterson) | 캄슨 가의 이웃. 모리 외삼촌이 패터슨 부인과 연애하며 보내는 편지를 패터슨 씨가 가로챈다.

● **찰리** Charlie | 캐디가 초기에 만난 사내들 가운데 한 사

람. 1장에서 벤지가 그네에서 캐디와 '하나가 되어 있는' 모습을 발견한다.

● **달턴 에임즈** Dalton Ames | 제퍼슨 읍내에 살며, 사생아 퀜틴의 아버지로 추정된다.

● **쉬리브 맥켄지** Shreve MacKenzi | 퀜틴의 하버드 대학교 룸메이트이며, 캐나다 출신. 주로 퀜틴과 기숙사에서 나눈 두 사람의 대화를 다룬 〈압살롬, 압살롬!〉에도 등장한다.

● **스포드** Spoade | 사우스캐롤라이나 출신의 하버드 대학교 4학년생. 쉬리브를 퀜틴의 '남편'이라고 부르며 퀜틴의 동정을 조롱한다.

● **제럴드 블랜드** Gerald Bland | 잘난 체하는 하버드대 학생. 퀜틴이 날턴 에임스를 연상하고 싸움을 붙는다.

● **블랜드 부인** Mrs. Bland | 제럴드 블랜드의 잘난 체하는 남부 출신 어머니.

● **디콘** Deacon | 메사추세츠 주 케임브리지에서 잔심부름을 하는 '검둥이.' 퀜틴이 쉬리브에게 전해달라며 유서를

건네는 인물.

● **줄리오** Julio | 퀜틴이 자살하기 전, 케임브리지를 돌아다
닐 때 빵집에서 만난 이탈리아 계집애의 오빠.

● **시드니 허버트 헤드** Sydney Herbert Head | 캐디와 결
혼하는 부유한 은행가. 캐디의 혼전임신 사실을 알게 되자
이혼한다.

● **로레인** Lorraine | 멤피스에 사는 제이슨의 창녀 애인.

● **얼** Earl | 제이슨이 일하고 있는 농업용품점 주인. 캄슨
부인에게 호의를 갖고 제이슨의 언행을 참고 견딘다.

● **엉클 잡** Uncle Job | 얼의 농업용품점에서 제이슨과 함
께 일하는 60대 '검둥이.'

● **쉬고그 목사** Reverend Shegog | 부활절 주일, 제퍼슨의
흑인교회에서 그리스도의 삶과 죽음에 대해 인상 깊은 설
교를 펼친다.

제이슨 캄슨 3세

　말씨가 점잖긴 해도 아주 냉소적이고 초연하며, 결정론과 운명론 철학에 동의한다. 인생은 본질적으로 무의미하며 집안에 일어나는 사건들을 바꾸기 위해 자신이 할 수 있는 일은 거의 없다고 믿으면서도 신사다움과 가문의 명예를 인식하고 있으며, 그 같은 인식은 퀜틴에게 대물림된다. 퀜틴의 하버드 교육이 가져다줄 잠재적 특권을 얻기 위해 집안의 재정적 위험을 감수하며, 퀜틴이 가문의 명성에 거의 광신적으로 집착하도록 만드는 이야기를 들려준다.

　이처럼 아들에게는 가문의 명예를 주입시키면서도 정작 자신은 무관심하며, 캐디의 임신에 대해서도 여성의 자연스런 결점으로 받아들이고 너무 심각해지지 말라고 덤덤하게 충고한다. 아버지가 남부의 전통적 이상인 명예외 미덕, 그리고 아들의 관심을 무시하는 태도를 보이자 수치심을 느낀 나머지 급속히 우울증에 빠진 퀜틴은 결국 자살로 삶을 마감하고, 캄슨 씨는 충격을 받아 술에 젖어 지내다가 곧 세상을 떠난다.

캐롤라인 캄슨 부인

태만과 무관심이 가정의 몰락에 직접 영향을 끼친다. 심기증과 자기연민이라는 몽롱한 자기도취에 빠져 자식들의 욕구를 이해하지 못하고 없는 것이나 매한가지인 어머니. 심지어 백치 벤지는 냉정하게 대하면서도, 자신을 속이고 있는 제이슨에게는 온통 애정과 신뢰를 보이는 어리석음을 내보인다. 친정인 바스콤 가의 명성에 대한 자격지심과 병적 불안이 내포된 자기도취는 남동생 모리의 간통행위로 훼손되면서, 결국 막내아들의 이름을 모리에서 벤저민으로 바꾸는 계기가 된다. 그러나 외손녀가 제이슨에게 야단맞을 때마다 감싸고, 가문을 더럽혔다며 집에서는 이름도 입에 올리지 못하게 하던 캐디를 제이슨과 퀜틴 양을 위해 받아들일 수 있다고 말하는 모습에서 자식을 생각하는 모정을 드러낸다.

퀜틴 캄슨

가문의 과거 위업과 명성에 부끄럽지 않도록 살아야 한다는 지나친 책임감에 짓눌려 살아가는 캄슨 씨의 맏아들. 매우 지적이고 감수성이 뛰어나지만, 캐디에게 집착하고 남부의 아주 전통적인 행동과 도덕규범에 사로잡혀 무기력해진다. 그 규범은 그의 세계 속에서 질서와 혼돈을 규정하고 그의 삶에 질서와 의미를 부여하면서 명예, 미덕, 여성의 순결 같은 막연하고 추상적인 개념을 이상화시켜 엄격하게 믿도록 만든다. 그 결과, 캐디의 난잡한 행실에 크게 낙담하고, 길잡이 역할을 기대했던 아버지가 남부의 규범이나 캐디의 행위 때문에 초래된 가문의 수치에는 무관심한 모습을 보이자 더욱 절망한 나머지 결국 자살을 택한다.

퀜틴의 남부 규범은 그가 행동하는 인간이 되는 것도 가로막는다. 추상적인 개념을 맹신하도록 만들어 단호하거나 효과적으로 행동하지 못하는 것. 따라서 캐디와의 자살 약속이나 달턴 에임즈에 대한 복수 욕구 같은 생각들로 가득 차 있지만, 항상 막연한 것이고 거절당하거나 실행한다 해도 아무런 효과가 없다. 이처럼 행위보다는 생각에 초점을 맞추기 때문에 아주 믿을 수 없는 화자가 되면서, 그가 묘사하는 행동들 가운데 어떤 것이 실제로 일어났고 어떤 것이 단순한 환상인지 구분하기 어려울 때가 종종 있다.

캔데이스 캄슨

삼형제 모두가 집착하기 때문에 이 소설에서 가장 중요한 인물이라고 할 수 있다. 어린 시절에는 다소 고집이 세지만 아주 사랑스럽고 애정이 깊다. 자기도취적인 캄슨 부인 대신, 퀜틴과 벤지에게 어머니 상으로 존재한다. 어린 시절, 개울에서 속옷을 진흙에 더럽힌 것은 훗날의 난잡한 행동과 그 행동이 가문에 초래할 수치를 예언하고 상징한다.

자신의 난잡한 행동에 벤지가 몹시 당황하는 것에는

어느 정도 죄의식을 느끼면서도 오빠 퀜틴의 절망은 이해하지 못하는 것 같다. 가문의 역사를 규정하고 퀜틴의 마음을 사로잡고 있는 남부의 규범을 거부하며, 가문의 비극적 세계로부터 달아나지 못하는 퀜틴과 달리, 비록 가족에게는 의절당하지만 그 배척을 통해 자신이 진정으로 속하지 않는 환경에서 도피한다.

제이슨 캄슨 4세

심지어 어린 시절부터 물려받은 유산은 악의 아니면 증오이고, 인종차별 의식도 강하다. 다른 형제들과 어울리지 않으면서도 그들처럼 캐디에게 집착하지만, 그 밑바탕에는 모질게 차가운 감정과 캐디를 괴롭히려는 욕구가 깔려 있다. 어머니 캄슨 부인은 형제들 가운데 유일하게 친정 '바스콤 가문' 사람을 닮았고 가족을 위해 '노예처럼' 살아간다고 안쓰러워하며 믿고 의지하지만, 어머니와 캐디 몰래 캐디가 딸 퀜틴에게 보내는 돈을 가로챈다.

과거에 집착하는 퀜틴과 달리, 오직 현재와 임박한 미래만 생각하고, 거의 언제나 다른 사람들을 희생시켜 환경을 자신에게 유리하도록 바꾸려고 끊임없이 시도한다. 매우 영리하고 교활한 재능을 친절이나 관대함을 베푸는 일에는 써먹지 않고, 분명히 개인적 이득을 바라지만 고차원적인 목표나 포부는 없다. 돈을 훔쳐 상자 속에 쟁여놓으면서도 이기심 이상의 특별한 목적은 없는 것.

그가 어떤 일을 성취하지 못하는 이유는 주로 냉혹한 자기연민 때문이다. 허버트의 은행에 취직할 기회를 잃어버리자 캐디를 결코 용서할 수 없게 되면서 그 좌절을 뛰어넘어 훗날의 삶에서 가치 있는 일을 해내지 못하는 것. 얄궂게도 아버지의 사후에 캄슨 가의 가장이 된다는 것은 한때는 위풍당당했던 가문의 몰락을 의미한다. 그러나 형에게 밀려 대학에 가지 못했고, 누나의 난잡한 행실 때문에 은행 취직이 좌절되었으며, 늘 우는 소리를 해대는 어머니, 백치 동생 벤지, 학교생활은 엉망인 채 퇴폐적 행실을 일삼는 조카 퀜틴, '게을러터진 여섯 놈의 검둥이들'을 부양하느라 농업용품점 점원으로 '하루 열 시간씩' 일해야 하고, '이런 집에는 여자를 데려올 염치도 없다'며 독신으로 살아가는 입장을 고려하면, 비열하고 인색하게 구는 모습을 어느 정도 이해할 수 있을 듯하다.

벤지 캄슨

징징거리고 말을 못하는 백치이며, 유일하게 정말 사랑하는 캐디에게 전적으로 의존한다. 시간, 원인과 결과, 옳고 그름 같은 추상적인 개념을 전혀 이해하지 못하고, 단지 주변세계로부터 시각적이고 청각적인 단서들만 받아들인다. 이처럼 세계를 이해하거나 해석할 능력은 전혀 없으나 질서와 혼돈에는 아주 예민하기 때문에 나쁘고 잘못되거나 제자리에 놓여 있지 않는 것은 무엇이든 즉각 감지해낸다. 하버드로부터 수천 마일 떨어져서도 퀜틴의 자살을 느낄 수 있고, 캐디의 난잡한 행동과 처녀성의 상실을 알아차리는 것. 이 같은 능력의 관점에서 보면, 캄슨 가문에서 진행중인 쇠퇴를 진정으로 인식하고 있는 소수의 인물에 속하지만, 장애 때문에 징징거리고 울어대는 것 이외에는 어떤 반응을 명확히 전달하지 못한다. 그의 성불구—그리고 나머지 모든 캄슨 가 사내들의 성불구—는 10대 시절의 거세로 상징되고 구체화된다.

퀜틴 (양)

캄슨 가의 외로운 신세대이며, 어머니 캐디와는 닮은 점이 많으면서도 몇 가지 중요한 차이가 있다. 학교를 무단 결석하고 난잡하게 행동하면서도 어머니와 달리 죄의식이 없고, 어머니보다 더 속되고 제한된 세계에서 성장하며, 끊임없이 제이슨의 억압과 간섭을 받는 것. 따라서 어머니만큼 애정이나 동정심이 없고, 좀더 세속적이며 고집이 센 것은 놀랄 만한 일이 아니지만, 마침내 외삼촌이 가로챘던 돈을 훔쳐 달아나는 것은 그 세속성과 양심의 가책을 받지 않는 성격—매우 현대적인 가치—이 실제로는 그녀에게 보탬이 되는 쪽으로 작용한다는 암시다. 캄슨 부인은 외손녀가 죽은 아들처럼 고집을 타고났기 때문에 퀜틴이란 이름을 지어주었다.

딜시

캄슨 가를 안정시키는 유일한 원천이자, 그들의 가족사를 다루는 마지막 장의 시작과 끝을 목격하는 유일한 인물. 흥미롭게도 위대한 캄슨 가문의 토대가 되었던 근본적인 가치들—가족, 신앙, 개인적 명예, 등—과 똑같은 토대에 근거한 삶을 영위하지만, 캄슨 부인처럼 자기도취 때문에 자신의 가치나 정신을 더럽히지는 않는다. 요리하고, 청소하고, 캄슨 부인의 빈자리를 채워 주인집 자녀들을 보살피는 동시에 친자식들과 손주들까지 돌볼 정도로 아주 근면하고, 인내심이 강하며, 사심이 없다. 캄슨 가정에서 아이들의 건강, 행복, 인성에 진심으로 관심을 기울이는 유일한 사람인 듯하며, 모든 아이들, 심지어 벤지마저 사랑하고 공평하게 대한다.

딜시에게 초점이 맞춰진 마지막 장은 지금까지 벌어진 비극 이후의 부활에 대한 희망을 암시하는데, 여기서 우리는 그녀가 캄슨 가문의 유산을 이어갈 새로운 향도이자, 옛 남부의 가치를 순수하고 타락하지 않은 형태로 소생시킬 유일한 희망을 의미한다는 사실을 깨닫게 된다.

주제, 모티프, 상징

| 주제 |

문학작품에서 전체 내용을 관통하는 근본적이고 포괄적인 생각.

남부 귀족 가치의 타락

19세기 전반에 출현한 캄슨 가문 같은 남부의 많은 명문가들은 전통적인 가치를 신봉했기 때문에 남자들은 신사답게 행동하고 가문의 명예를 지키기 위해 용기와 도덕적 힘, 그리고 인내심과 기사도를 보여주어야 했다. 여자들은 가문의 유산을 상속할 자식들을 낳을 때까지는 순수함, 예의범절, 처녀성을 지켜야 했으며, 그 밑바닥에는 신앙과 가문의 명성 유지에 대한 깊은 관심이 깔려 있었다.

남북전쟁과 재건은 한때 위대했던 많은 남부 가문들을 경제적·사회적·심리적으로 폐허화시켰다. 포크너는 그 과정에서 캄슨 가문과 그 밖의 여타 남부 가문들이 주변 세계의 현실과 단절되고 자기도취의 안개 속에 빠진 나머지 그 가문들이 한때 소중히 여겼던 핵심 가치들을 타락시켰고 새로운 세대들이 현대 세계의 현실을 다룰 능력을 빼앗아버렸다고 주장한다.

우리는 이 같은 타락이 캄슨 가에 만연한 것을 보게 된다. 캄슨 씨는 가문의 명예—그가 퀜틴에게 전해 주는 어떤 것—에 대해 막연한 생각을 지니고 있지만, 알코올 중독의 수렁에서 허우적거리며 집안에서 일어나고 있는 사건들에 체념하는 운명론적인 믿음을 갖고 있다. 자기도취에 빠진 캄슨 부인은 심기증과 자기연민으로 몸부림치며, 자식들과 정서적으로 떨어져 있다. 옛 남부 도덕에 집착하는 퀜틴은 무기력하고 가문의 죄를 극복할 수 없게 된다. 캐디는 여성의 순결을 요구하는 남부의 관념을 무시하고 퇴폐적으로 행동한다. 제이슨은 영리한 재능을 자기연민과 탐욕에 허비하며 개인적 이득을 위해 끊임없이 노력하지만, 고차원적인 야망은 없다. 진짜 죄를 범하지는 않더라도 지능 장애와 도덕과 부도덕을 구분하지 못하는 벤지를 통해 가문의 쇠퇴가 분명히 드러난다.

캄슨 가는 남부의 가치를 지키지 못하게 되면서 한때는 그 집안을 지탱해 주었던 힘인 사랑이 사라진 가정으로 전락한다. 부모는 쌀쌀맞고 무능하다. 유일하게 사랑할 능력을 보여주는 캐디는 의절당한다. 비록 퀜틴은 캐디를 사랑하지만, 그 사랑은 신경과민적이고 도착적이며 과보호적이다. 게다가 퀜틴과 제이슨은 여성과 진정한 사랑을 나눌 능력이 없기 때문에 가문의 대가 끊긴다.

딜시는 그 가정에서 유일하게 사랑할 줄 알고, 사람을

타락시키는 자기도취에 빠지지 않은 채 자신의 가치를 유
지하는 인물이다. 따라서 전통적인 남부의 가치들을 유지하
고 긍정적인 형태로 소생시킬 희망을 대변한다. 그 결과, 이
소설은 그 가치들의 계승자이자 그런 면에서 캄슨 가의 유
산을 보존시킬 유일한 희망인 딜시로 끝을 맺는다. 포크너
는 옛 남부의 가치들이 문제인 것이 아니라, 남부의 위대성
이 회복되려면 캄슨 가문 같은 명문가들에 의해 타락한 그
가치들이 회복되어야 한다는 사실을 암시하고 있는 것이다.

부활과 소생

　　이 소설의 세 장은 1928년 부활절과 그 무렵에 일어나
는 일을 묘사하고 있는데, 포크너가 그때를 클라이맥스로
잡은 것은 의미심장하다. 왜냐하면, 그 주말은 그리스도가
십자가에 매달린 성금요일(Good Friday)과 3일 만에 부활
하신 부활절 주일이 연결되기 때문이다. 퀜틴의 죽음, 캄슨
씨의 죽음, 캐디의 처녀성 상실, 캄슨 가의 쇠퇴 같은 많은
상징적 사건들은 그리스도의 죽음에 비유될 수 있다.

　　벤지가 성토요일에 태어났고, 지금은 그리스도가 십자
가에 매달렸던 나이와 같은 서른세 살이기 때문에 일부 비
평가들은 벤지를 그리스도의 표상으로 해석하는데, 다양한
의미를 나타낼 수 있다. 즉 벤지는 현대 세계에서 그리스도
의 무기력과 새로운 그리스도 상이 나타나야 할 필요성을

의미할 수도 있고, 현대 세계는 그 한복판에서 그리스도를 알아보지 못했다는 암시일 수도 있는 것.

비록 부활절 주말은 죽음과 연결되지만, 부활과 소생의 희망을 가져오기도 한다. 캄슨 가문은 몰락해도 그리스도의 이미지를 약간 지닌 딜시가 희망의 근원을 나타내기 때문이다. 성서 속의 고통당하는 사도에 비견될 만한 딜시는 해체되어가는 캄슨 가족을 위해 한평생 봉사하며 그리스도 같은 고난을 견뎌내면서 변함없이 캄슨 부인의 자기 연민, 제이슨의 비열함, 그리고 벤지의 절망적 무능력을 너그럽게 감싸주었고, 캄슨 가문이 무너지는 동안 그들이 오랫동안 내던져버린 가치들—근면한 노동, 인내, 가족 사이의 사랑, 신앙—을 되살려낸 유일한 인물로 떠오른다.

언어와 서술(narrative)의 실패

포크너는 〈음향과 분노〉의 이야기를 어떤 단일한 목소리로는 만족스럽게 전달할 수 없었다고 시인했다. 따라서 네 명의 화자를 쓰기로 결정한 것은 각 서술의 주관성을 강조하고, 진실이나 의미를 절대적으로 전달하는 언어의 능력을 의심하는 것이다.

벤지, 퀜틴, 제이슨은 캄슨 가의 비극에 대해 전혀 다른 견해를 지니고 있지만, 그 어떤 시각도 다른 시각들보다 더 타당한 것 같지는 않고, 새로운 관점이 등장할 때마다 좀더 많은 구체적 내용과 의문이 떠오른다. 심지어 전지적(全知的) 3인칭 화자를 사용한 마지막 장조차 이 소설의 느슨한 결말들을 전부 연결해 주지 못하고 있다. 포크너는 여러 인터뷰에서 이 소설의 최종판이 지닌 불완전함을 탄식하면서 '가장 찬란한 실패'라고 불렀다. 상이한 네 개의 깊은 시각을 제공하는 네 명의 화자를 갖고서도 그의 언어와 서술이 여전히 부족하다고 믿었던 것.

| 모티프 |

작품의 대표적인 주제들과 관련하여 전체에 통일감을 주는 것으로, 되풀이되는 구조나 대비, 또는 문학적 장치, 등.

시간

이 소설에서 시간이란 지속적이거나 또는 객관적으로 이해할 수 있는 실체가 아니며, 인간은 다양한 방식으로 시간과 상호작용할 수 있다고 생각한 포크너의 시간 처리와 묘사는 가히 혁명적이란 찬사를 받았다. 시간 개념이 없고 과거와 현재를 구분하지 못하는 벤지는 그 무능력 때문에 어쩌면 다른 사람들은 보지 못하는 과거와 현재 사이의 연관성을 끌어낼 수 있고, 따라서 다른 가족들과 달리 가문의 위대성에 집착하지 않을 수 있다. 반면, 시간의 덫에 걸려 과거의 기억을 넘어설 수 없고, 그럴 의지도 없는 퀜틴은 시간의 손아귀에서 벗어나기 위해 시계를 깨트리지만 여전히 째깍거리는 소리가 들리고, 자살 이외에는 아무런 해결책도 찾지 못한다.

형 퀜틴과 달리, 과거가 필요 없고 현재와 임박한 미래에만 관심을 쏟는 제이슨에게는 시간이란 오로지 개인적 이익을 위해서만 존재하며 낭비할 수 없다. 어쩌면 시간을 편안하게 받아들이는 유일한 인물은 딜시뿐일지 모른다. 캄슨 가족들은 시간으로부터 달아나거나 시간을 자신에게 득이 되도록 이용하려고 애쓰는 반면, 딜시는 시간과 역사의 무한한 범주 속에서 자신의 삶은 하나의 작은 조각에 불과하다는 것을 이해하고 있기 때문이다.

질서와 혼돈

캄슨 형제들은 질서와 혼돈을 각자 다른 방식으로 이해한다. 마음속에 있는 친숙한 기억들의 양상에 따라 질서를 구성하는 벤지는 친숙하지 않은 일을 접하면 혼란스러워하고 울어댄다. 퀜틴은 질서를 부여하기 위해 이상화된 남부의 규범에 의존한다. 제이슨은 자기 세계의 모든 것을 잠재적인 개인적 이득에 따라 정리하고, 모든 환경을 자신에게 유리하도록 비틀려고 애쓴다. 이들 세 가지 체계는 모두 캄슨 가문이 혼돈 속으로 곤두박질치면서 실패한다. 오로지 강한 질서의식을 지닌 딜시만이 자신의 가치관을 유

지하고, 캄슨 가의 소란스러운 몰락을 견뎌내며 끝까지 온
전하게 남는다.

그림자

주로 벤지와 퀜틴의 장에 나타나며, 캄슨 가문의 현재
상태가 단지 과거의 영광에 드리워진 그림자에 불과하다는
것을 암시한다. 그리고 하루 동안 태양을 따라 천천히 변하
기 때문에 시간의 경과를 미묘하게 상기시켜주는 역할을
한다. 퀜틴이 특히 그림자에 민감한 것은 캄슨이란 이름이
과거의 그림자에 불과하다는 것을 날카롭게 의식하고 있다
는 암시다.

| 상징 |

추상적인 관념이나 개념을 표현하기 위해 사용하는 사
물, 기호, 인물, 색, 등.

물

이 소설 전체, 특히 캐디와 관련되어 정화와 순결을 상
징한다. 어린 시절, 개울에서 놀고 있는 캐디는 순결과 순수
의 전형처럼 보이지만, 속옷을 더럽히는 모습은 훗날의 퇴
폐적인 행실을 암시한다. 벤지가 캐디의 향수 냄새를 처음
맡고 혼란스러워할 때까지만 해도 아직 처녀이기 때문에

향수를 씻어내면서 상징적으로 죄를 지워낸다. 마찬가지로 찰리와 함께 그네에 있다가 벤지에게 발각된 후에도 집으로 돌아와 비누로 입을 씻지만, 일단 순결을 잃었기 때문에 아무리 많은 물로 씻어도 깨끗해지지 않는다는 것을 알고 있다.

퀜틴의 시계

시간을 아주 주의 깊게 감시해야 한다는 아들의 생각을 누그러트리기 위해 아버지가 선물한 것인데, 그것이 있든 없든 시간에 대한 집착으로부터 벗어나지 못한다. 캄슨 씨가 지니고 있던 그 시계는 퀜틴에게는 가문이 그토록 중시하는 영광스러운 유산을 계속 상기시키고, 째깍거리는 소리는 끊임없이 냉혹하게 흐르는 시간을 상징한다. 퀜틴은 시계를 깨트려 시간에서 벗어나려고 하지만, 심지어 시침과 분침이 없는데도 여전히 째깍거리고, 방에 둔 채 외출해도 그 소리가 계속 따라다닌다.

Date별
정리
노트

1928년 4월 7일

캐디에게는 나무 같은 냄새가 난다.

참고: 난해한 1장의 화자 벤지는 시간 개념이 없기 때문에 모든 사건을 실제 일어난 시기와 무관하게 1928년 4월 7일 현재로 묘사하고 있다. 그러나 4월 7일의 사건들보다는 오히려 그 날 벤지의 경험이 환기시켜주는 기억들이 훨씬 더 중요하다. 따라서 '줄거리'는 4월 7일의 사건들뿐만 아니라 벤지가 현재의 실마리들을 통해 회상하는 과거의 사건들까지 포함된다.

1928년 부활절 전날, 오늘은 미시시피 주 제퍼슨 읍의 명문가 캄슨 가문의 막내아들인 저능아 벤지의 서른세 번째 생일이다.

'나는' 울타리를 기어 올라간 꽃들 사이로 사람들이 깃발을 향해 공을 치는 모습을 보고 있다. 십대 '검둥이' 소년

러스터가 잃어버린 25센트짜리 동전을 찾기 위해 옆에서 풀 속을 뒤지면서 벤지에게도 도와달라며 투덜거린다. 그 돈은 읍내에 들어온 순회극단 쇼의 입장권을 사려던 것이 었다. 그 골프장은 한때는 캄슨 가의 목장이었으나 캄슨 씨 가 퀜틴을 하버드 대학교에 보내기 위해 개발업자에게 팔아 넘긴 곳이다. 벤지는 한 골퍼가 캐디(caddie)를 부르는 소 리를 듣고 누나 캐디(Caddy)를 떠올리며 징징거린다.

동전을 찾으러 샛강으로 내려가기 위해 울타리 사이를 빠져나가다가 옷이 못에 걸린 벤지는 러스터가 도와주자, (26년 전) 캐디가 똑같은 상황에서 도와주는 때를 떠올린다. 벤지가 일곱 살이던 1902년 크리스마스 무렵, 어머니 캄슨 부인과 모리 외삼촌이 벤지의 외출을 놓고 옥신각신중이다. 캄슨 가에 얹혀살면서 이웃의 패터슨 부인과 연애중인 모 리 외삼촌은 벤지와 캐디의 외출을 핑계 삼아 연애편지 심 부름을 시키려고 한다. 그 사실을 모르는 캄슨 부인은 벤지 가 감기에 걸릴까봐 걱정하지만, 내심 아들의 건강부다는 아들이 병에 걸려 크리스마스 파티를 망치는 사태가 더 염 려스러운 것 같다. 이렇듯 벤지가 캐디를 떠올리며 다시 징 징거리자, 러스터가 화를 낸다.

러스터와 함께 캄슨 가의 마차 차고를 지나던 벤지는 (대략 1912년이나 1913년에) 어머니와 함께 아버지의 무 덤에 가기 위해 티피가 모는 마차를 타고 집을 나섰다가 퀜틴을 데려가기 위해 말머리를 돌리던 때를 떠올린다. 읍내에서 제이슨을 만난 어머니는 아버지와 퀜틴의 무덤에 동행하자고 말하지만, 제이슨은 거절한다. 벤지가 다시 울자, 러스터가 나무랐다.

러스터와 벤지가 캄슨 가의 헛간을 지나간다. 벤지의 기억은 캐디와 함께 패터슨 부인에게 모리 외삼촌의 연애편지를 전하러 가던 때로 돌아간다. 캐디가 편지를 전하기 위해 울타리를 넘어 패터슨 부인에게 간다. 뒤이어 벤지는 혼자 편지를 전하러 갔다가 정원에서 풀을 뽑던 패터슨 씨에게 들키고 만다. 벤지는 부리나케 달려온 패터슨 부인과 눈이 마주치자 울기 시작한다. 부인이 편지를 달라고 재촉하는 사이, 패터슨 씨가 울타리를 올라와 낚아챈다. '나는' 부인의 눈을 다시 쳐다보고는 언덕을 달려 내려갔다.

캄슨 가의 땅을 가로질러 흐르는 샛강으로 내려간 러스터는 벤지를 남겨둔 채 강 건너로 25센트짜리 동전을 찾으러 갔다가 골프공을 주워 돌아온다. 러스터가 신을 벗기고 바지를 올려주며 물 속에 들어가 놀게 하자, 벤지는 (1898년에 치른) 대무디 할머니의 장례식 날을 떠올린다. 아직 장애가 발견되지 않은 세 살배기 벤지가 퀜틴, 캐디, 제이슨과 함께 샛강에서 놀고 있다. 아이들을 돌보는 '검둥이' 버쉬가 옷이 젖으면 '너희 엄마가' 때려줄 것이라고 말하자, 캐디는 퀜틴의 만류에도 불구하고 버쉬에게 단추를

끌러달라고 한 다음, 옷을 벗고 속옷만 입은 채 퀜틴과 물장난을 쳤다. 버쉬가 '너희 엄마에게' 일러바치겠다고 소리치자, 캐디는 매를 맞으면 '집을 나가겠다'고 대꾸했다. 벤지가 울기 시작하자, 캐디는 울음을 그치라면서 집을 나가지 않겠다고 다독거렸다. 캐디는 흠뻑 젖어 있었고, 뒤는 온통 흙투성이였다. 제이슨은 아래쪽 샛강에서 혼자 놀고 있다. 캐디와 퀜틴은 옷이 젖었다고 제이슨이 할머니에게 고자질할까봐 걱정하면서 집으로 돌아가는 길, 벤지는 러스커스가 외양간에서 소젖 짜는 광경을 보고, (1910년에 있었던) 캐디의 결혼식을 떠올렸다.

퀜틴이 술에 취한 벤지를 데리고 캐디의 결혼식에 가겠다는 '검둥이' 하인 티피를 두들겨 패고 있다. 티피는 허우적대다가 넘어지면서도 웃었다. '나도' 일어나려다가 넘어지며 비틀거렸고, 땅바닥이 떠올랐다. 티피는 지하실에 있는 샴페인을 '사스프릴라'라고 생각하고 꺼내 마셨던 것이다. 버쉬가 티피를 나무랐다. 퀜틴과 버쉬는 힘겹게 벤지를 데리고 언덕으로 올라갔다.

벤지의 기억은 캄슨 남매들이 샛강에서 놀고 난 이후, 버쉬가 벤지를 업고 언덕 위로 올라가던 1898년으로 되돌아간다. 버쉬가 엎고 있던 벤지를 내려놓았다. 캐디는 벤지의 손을 잡고 집으로 향했다. 버쉬가 집에 손님들이 온 것 같다고 말했다. 아이들이 집 안으로 들어가자, 캄슨 씨가 부

엌 계단에서 기다리고 있다. 제이슨이 캐디와 퀜틴이 물장
난을 쳤다고 일러바친다. 캄슨 씨는 손님들이 왔으니 부엌
에서 조용히들 식사하라고 말한 뒤, 딜시에게는 아이들을
떠들지 않게 돌보라고 지시했다. 저녁을 먹고 있을 때, 무슨
소리가 들리자 벤지가 울기 시작했다. 퀜틴은 어머니가 울
고 있는지 물었고, 캐디는 노래 소리라고 했으나 딜시는 '주
님께서 허락하신 시간엔 알게 될 것'이라며 답변을 피했다.
식사를 마친 제이슨도 울기 시작했다. 캐디는 대무디 할머
니가 아파서 함께 잘 수 없게 되어 우는 것이라고 놀렸다.
아이들은 버쉬네 집으로 건너갔다.
　　벤지는 버쉬의 오두막을 보고 1910년과 1912년 사이
에 일어난 여러 가지 일들을 떠올린다. (1910년,) 딜시는
부엌에서 노래를 흥얼거리고 있다. 벤지와 티피는 집을 나
와 외양간으로 갔다. 소젖을 짜고 있던 로스커스가 손이 아
프다며 티피에게 그 일을 넘기면서 캄슨 가는 '재수가 없다'
고 투덜댔다. 딜시는 벤지를 침대에 눕혔다. 침대에서는 티
피 냄새가 났고, '나는' 그 냄새가 좋았다. 뭔가 아는 것이
있느냐는 딜시의 물음에 로스커스는 '그 낌새가 15년이나
저렇게 침대에 나타나고,' '저 아이 이름을 바꿨을 때 확신
하게 되었다'고 대꾸했다. (1912년,) 티피는 캐디의 사생아
퀜틴과 벤지를 데리고 그의 집으로 갔다. 러스터가 진흙탕
에서 놀고 있다. 퀜틴이 러스터에게 빼앗은 실패를 벤지가

다시 빼앗는다. 퀜틴이 덤벼들자, 벤지가 울음을 터트렸다. 프로니가 실패를 빼앗아 퀜틴에게 돌려주고, 벤지를 소젖을 짜고 있는 러스커스에게 데려가 잠시 돌보아달라고 말했다. (1910년,) 딜시는 노래를 부르고 있다. 로스커스는 캄슨 가는 '재수가 없다'고 다시 말했다. 난잡한 행실로 가문을 더럽혔다며 자기 자식의 이름을 입에 올리지 못하게 만드는 집에 재수가 있을 리 없다는 것이다. 딜시가 벤지와 러스터를 재웠다.

벤지는 러스터가 덤불 속에서 주운 골프공을 갖고 놀고픈 생각이 들면서 죽음에 관한 일련의 기억을 떠올린다. (1898년,) 프로니가 막 저녁식사를 마치고 버쉬네 집으로 건너간 캄슨 가의 아이들에게 장례식에 대해 묻지만, 아이들은 아는 것이 없다. 대무디 할머니가 세상을 떠났으나 캄슨 부부가 말해 주지 않았던 것. 벤지는 캄슨 가의 말(馬) 낸시의 죽음과 그 사체를 쪼아 먹던 독수리들, 그리고 잠시 1912년에 있었던 아버지의 죽음과 다시 할머니의 죽음을 떠올린다. 제이슨은 독수리들이 할머니를 쪼아 먹을까봐 걱정하며 울었고, 캐디는 아버지가 그러지 못하게 막을 테니 울음을 그치라고 다독였다. 아이들은 거실 창가의 나무 밑으로 갔다. 캐디가 창문을 통해 장례식이 진행중인지 엿보려고 나무 위로 올라가고, 버쉬가 뒤에서 밀어 올려주었다. 캐디의 속옷에 난 희미한 얼룩이 삼형제의 눈에 들어왔다.

벤지가 울기 시작했다.

벤지의 기억은 (1910년) 캐디의 결혼식 날 티피와 함께 일으킨 음주 사건으로 잠시 건너뛰었다가 캐디의 향수 냄새 때문에 혼란스러웠던 (1905년으로) 되돌아온다. 캐디가 껴안자 벤지는 울면서 달아났다. 캐디가 '이 모자 때문'이라며 벗었지만, 벤지는 가까이 가지 않았다. 제이슨이 '어른인 체하는 누나의 드레스가' 마음에 들지 않는 것이라고 말했다. 아이들은 집으로 들어갔다. 벤지는 캐디의 방으로 갔다. 거울 앞에 앉아 있던 캐디가 향수병을 벤지의 코에 댔다. 벤지가 울자, 캐디가 안아주면서 다시는 향수를 뿌리지 않겠다고 다짐했다. 벤지는 캐디에게서 '나무 같은 냄새가 난다'고 생각하다가 (1898년으로) 되돌아간다. 캐디를 나무에서 끌어내린 딜시가 아이들에게 잠잘 시간이 지났는데도 밖에 나와 있다며 나무라고, 집으로 데려갔다.

샛강에서 장난을 치고 있던 벤지는 러스터가 퀜틴이 근처의 그네에 붉은 넥타이의 사내와 있다며 접근하지 못하도록 말리자, 캐디가 첫 애인 찰리와 그네에서 '하나가 되어 있는' 모습을 떠올리며 울기 시작했다. 캐디가 다가와 껴안자, 벤지는 울음을 그치고 그녀를 잡아당겼다. 찰리가 다가왔다. 울음이 터진 벤지는 그가 캐디의 몸에 손을 대자, 더 큰 소리로 울어댔다. 캐디는 벤지를 데리고 집으로 돌아와 '다시는 그런 짓을 하지 않겠다'며 울면서 사과하고, 비누로 입을 씻었다. 캐디에게서는 '나무 같은 냄새'가 났다.

벤지는 퀜틴과 붉은 넥타이의 사내가 누워 있는 그네로 다가갔다. 퀜틴은 러스터에게 다가와 벤지를 막지 못했다고 화를 내고는 집으로 달려갔다. 러스터가 잡초 속에서 새 콘돔을 주워 벤지에게 주었다. 붉은 넥타이의 사내가 간밤에 누가 다녀갔는지 묻자, 러스터는 매일 밤 사내들이 찾아오면 '아가씨가' 창문 밖에 있는 나무를 타고 내려가 만난다고 대답했다. 벤지와 러스터는 울타리를 따라 걸어가다가 문에 이르러 여학생들이 지나가는 모습을 바라보았다.

벤지는 (1910년 어느 날,) 그 문 옆에서 캐디를 기다리다가 지나가는 여학생들에게 달려 나갔던 기억을 떠올린다. 벤지가 말을 걸기 위해 문을 열고 뒤를 따라가 한 소녀를 붙잡자, 공포에 질린 소녀가 비명을 질렀고, 갑자기 벤지의 눈앞에 불이 번쩍거렸다. 누군가가 벤지를 공격한 것. 그날 밤, 캄슨 씨는 벤지가 어떻게 문 밖으로 나갔는지 의아해하면서 근심에 휩싸였다. 캄슨 씨와 제이슨은 예방조치로 벤지의 거세를 진지하게 생각한다.

러스터는 라운딩중인 골퍼에게 골프공을 팔려고 했지만, 그 골퍼는 훔친 것이 아니냐며 그냥 가져가 버렸다. 골퍼가 공을 치면서 캐디를 부르자, 벤지는 캐디를 떠올리고 다시 징징거리기 시작했다. 벤지를 달래기 위해 꽃을 꺾어 준 러스터는 캄슨 부인이 죽으면 '제이슨 주인님이 너를'

잭슨에 있는 정신병원으로 보낼 텐데 그곳에서는 울면 이렇게 한다면서 그 꽃을 흩트려 땅에 떨어뜨렸고, 벤지가 집으려고 하자 멀리 차버렸다. 벤지는 울기 시작했다.

러스터와 벤지는 집에 도착했다. 딜시는 러스터가 못살게 굴어 벤지가 우는 줄 알고 꾸짖는다. 불 앞에 앉은 벤지는 캄슨 부인이 그의 이름을 모리에서 '성경에서 따온' 벤저민으로 바꾼 직후 캐디와 함께 불가에 앉아 있던 때를 잠시 떠올린다. 딜시는 벤지의 생일 케이크에 초를 꽂고 불을 붙인 다음, 나갔다. 러스터와 벤지는 케이크를 먹었다. 딜시가 들어와 케이크를 또 집으려는 러스터의 손을 갈기고, 밖으로 끌어냈다. 불 있는 쪽으로 손을 내밀었다가 데인 벤지가 울음을 터뜨리자, 딜시가 소다를 뿌리고 헝겊을 감아주었다. 아들의 울음소리에 화가 난 캄슨 부인이 나타나 몸이 아픈데 너무 시끄러워 쉬지도 못하겠다며 불평을 늘어놓고, 싸구려 빵을 먹여 '아이를' 죽일 참이냐고 나무란다. 러스터는 벤지를 달래기 위해 서재로 데려갔다.

벤지는 (겨우 다섯 살이던 1900년,) 캐디와 함께 서재에 있던 때를 떠올린다. 벤지를 데려오라고 시킨 캄슨 부인은 캐디가 안고 가려고 하자, 부축해서 걸어오게 하라고 나무란다. 그리고 울고 있는 벤지를 달래기 위해 방석을 건네주자, 이번에는 나쁜 버릇을 기르게 한다며 치우라고 말하고는 아들에게 볼을 비비며 울기 시작했다. 벤지도 덩달아

울었다. 딜시를 데리러 갔던 캐디는 제이슨이 벤지의 종이 인형들을 모두 일부러 찢어버렸다며 싸웠다. 아버지는 어머니를 병나게 할 작정이냐며 싸움을 말렸다.

벤지는 서재에 앉아 있는 동안 계속 징징거렸다. 화가 난 제이슨이 러스터에게 시끄럽지 않게 만들라며, 온종일 일하고 피곤한 몸으로 '바보가 있는 집'에 돌아와야 되는 신세를 한탄했다. 퀜틴이 귀가했다. 러스터는 제이슨에게 순회극단 쇼를 구경하게 25센트를 빌려달라고 부탁하지만, 거절당한다. 제이슨은 퀜틴에게 '그놈의 광대'와 어울리다가 눈에 띄면 가만두지 않겠다고 으름장을 놓았다. 딜시가 저녁을 먹으라고 가족들을 부르자, 벤지는 캐디가 사내를 만나 순결을 잃은 (1909년 무렵의) 저녁을 회상한다. 벤지는 집으로 돌아온 캐디를 보고 큰 소리로 울며 옷자락을 잡아당겼다. 수치심에 사로잡힌 캐디는 서둘러 자기 방으로 갔고, 벤지도 울면서 따라가 옷자락에 매달렸다.

가족이 서녁식사 자리에 앉았다. 붉은 넥타이의 사내와 함께 있을 때 방해받은 일 때문에 아직도 화가 풀리지 않은 퀜틴은 '저런 사람은' 잭슨으로 보내야 한다며 어느 누가 이 따위 집에서 살겠냐고 투덜댄다. '그럼 집을 나가라'고 제이슨이 꾸짖자, 그러마고 대꾸하면서 몸싸움이 가열되자, 딜시가 말리려고 애썼다. 지금 벤지의 마음은 과거를 헤매고 있으나 퀜틴이 제이슨에게 마구 욕을 하며 고함을 질러대는 통에 집중이 되지 않는다. 퀜틴은 2층으로 올라갔다. 빈방으로 들어간 벤지는 옷을 벗고 울기 시작했다. 러스터가 울음을 그치라며 가운을 입혀주었다. 창가로 다가간 벤지와 러스터는 퀜틴이 침실 창문으로 몰래 빠져나가는 모습을 보았다.

벤지의 기억은 대무디 할머니가 세상을 떠나고 캐디가 속옷을 더럽힌 1898년 밤으로 돌아간다. 딜시는 캄슨 아이들을 잠자리에 들게 하고, 캐디의 엉덩이를 더러워진 속옷으로 대충 닦아준다. 캐디는 어머니가 많이 아프냐고 묻지만, 아버지는 아니라는 대답과 함께 '모리를 잘 돌봐주라'는 말을 남기고 침실을 나갔다. 캐디가 붙잡아주자, 벤지는 어두운 잠 속으로 빠져들었다.

첫 장은 따라가기가 몹시 어렵다. 아직까지는 캄슨 가를 들여다볼 수 있는 유일한 창문 벤지는 문학사상 가장 이해할 수 없고 버거운 화자에 속한다. 백치이기 때문에 사실상 주관적 사고가 불가능한 그의 시각에 의하면, 인생이란 어떤 의미를 갖거나 체계적인 방식으로 해석하고 구성할 수 없는 일련의 이미지, 소리, 기억에 불과하다. 따라서 그는 출생, 죽음, 사랑, 가족, 순결, 친밀감, 결혼 같은 인간 존재를 떠받치는 추상적 개념은 이해하지 못한다.

벤지의 서술 능력에서 가장 큰 장애는 시간 개념이 없다는 사실이다. 그 결과, 끊임없이 현재시제 속에서 살고 있으면서, 모든 사건과 기억을 실제 일어난 시기와 관계없이 항상 1928년 4월 7일 현재에 일어나는 것으로 해석한다. 현재의 시각적·청각적 실마리들이 과거의 사건들을 떠올리게 만들지만, 그 회상들이 기억이란 사실을 이해하지 못하고 모두 현재의 경험으로 여기는 것.

포크너는 이 소설의 주요 모티프인 시간에 대한 인간의 경험을 소개하기 위해 벤지의 한계를 이용하고 있다. 대다수 사람들은 감각, 기억, 경험의 혼돈상태로부터 질서체계를 만들어내려고 시간에 의존하지만, 벤지에게 시간은 하나의 흐름이 아니라 불변이고 거의 무의미하다. 우리는 인내심을 갖고 어렵사리 벤지의 이야기를 읽는 가운데 시간의 결속력이 존재하지 않는 삶의 모습에 직면하지 않을 수 없고, 벤시가 그 진실의 몇몇 편린들을 제공해 주고 있으나 식별해내기 어렵다.

사실, 이 장을 읽으면 갈피를 잡기 힘들고 난해하다. 벤지는 자주 아무런 예고도 없이, 그리고 심지어 문장의 중간에서도 과거로 돌아간다. 포크너는 때때로 이 같은 시간상의 도약을 이탤릭체로 표시하지만 항상 그런 것도 아니다. 우리가 현재에 있다는 것을 구분하는 가장 쉬운 방법은 거의 1928년의 장면에서만 등장하는 러스터의 존재를 감지해내는 것이다. 여러 인물이 같은 이름을 가졌다는 사실도 시간적 혼란을 가중시키기는 마찬가지다. 이를테면, 벤지의 형 퀜틴은 캐디의 사생아 퀜틴 (양), 그리고 벤지의 형 제이슨은 아버지 제이슨 캄슨 씨와 혼동될 수 있다. 끝으로, 캄슨 부부가 1900년에 아들의 지능장애를 발견하고 모리라는 이름을 벤저민으로 바꿨기 때문에 독자는 모리와 벤지가 동일인이란 것을 알고 있지만, 캄슨 부인의 남동생 모리 (외삼촌)의 존재 때문에 사건들이 훨씬 더 혼란스러워진다.

포크너가 벤지를 첫 번째 화자로 이용하는 주된 이유 하나는 어떤 주석도 달지 않는 완전히 객관적인 목소리를 통해 캄슨 가문사의 비극적 사건과 환경들을 암시하기 위한 것이다. 벤지의 객관성은 질서와 혼돈에 대한 그의 강력하고 타고난 감각에 토대를 두고 있다. 따라서 자신의 지각과 경험을 마음속에 존재하고 있는 질서와 친숙감의 양상과 비교함으로써 세계를 해석하는 벤지는 어떤 것—특히 캐디와 관련된 것—이 잘못되거나 제자리에 놓여 있지 않은 것 같으면 즉시 알아차리고, 그 친숙감의 양상에서 벗어나는 것은 모두 마음속에 혼돈을 일으키고 당혹스럽게 만들기 때문에 울거나 칭얼거린다. 예를 들면, 캐디의 향수 냄새를 처음 맡고 질서의식이 충격을 받는데, 뭔가 잘못된 것을 감지하고 아주 혼란스러워하는 것이다.

벤지의 거의 비인간적인 객관성은 퀜틴과 제이슨의 시각과 뚜렷이 대비된다. 캐디에 대한 집착 때문에 심하게 왜곡된 그들의 이야기는 윤색이나 편견으로 점철되어 있는 반면, 벤지의 객관성은 독자 스스로 단서들을 수집하고, 그의 이야기를 통해 서서히 캄슨 가족을 지배하는 관계들을 이해하도록 해주는 것.

캄슨 씨는 냉소주의와 알코올 중독에 빠져 있는 인물이다. 자기도취에 휩싸이고 친정 바스콤 가의 명성에 대해 병적으로 불안해하는 캄슨 부인도 어머니로서는 자녀들에게 전혀 보탬이 되지 않고, 벤지의 욕구를 거의 이해하지 못하며, 왠지 모르게 가장 비열한 제이슨을 편애한다. 캄슨 자녀들에게 진정한 본보기이자 안정을 제공하는 인물은 딜시뿐인데, 비록 문맹이지만 충실하고 헌신적이고 유능하며, 아이들이 올곧고 행복하게 자랄 수 있도록 단호하고 친절하게 대한다.

캄슨 자녀들의 핀이한 개성은 아주 어릴 때부터 드러난다. 캐디는 벤지에게 어머니 같은 인물이고, 유일하게 참된 애정의 원천이지만, 다른 형제들에게 딜시가 아닌 '나를 따라야' 한다고 주장할 때 드러나듯 다소 고집이 세다. 게다가 개울에서 속옷을 더럽히는 행동은 훗날 문자 그대로 자신을 더럽히고, 딜시가 더러운 몸을 속옷으로 대충 씻어준다는 사실은 그녀의 경거망동이 가문의 명성을 돌이킬 수 없이 더럽힐 것이란 암시다.

　　조용한 성격의 퀜틴은 지나칠 정도로 캐디의 안녕에 관심을 갖고 있으며, 병적일 만큼 보호하려 한다. 반면, 다른 형제들과의 관계가 원만치 않은 제이슨은 어린 시절부터 아주 쌀쌀맞고 심술궂다. 예컨대, 벤지의 종이인형을 일부러 찢어버리는가 하면, 캐디와 퀜틴이 개울에서 놀았다고 고자질하는 것. 그리고 손을 계속 주머니에 넣고 있는 사실은 훗날의 인색함과 비열함을 암시하는데, 러스터가 순회극단 쇼의 입장료 25센트를 빌려달라고 부탁했을 때 거부하고, 가지고 있던 표마저 찢어 태워버리는 모습에서 그대로 드러난다.

　　이제 캄슨 가문사의 주요 사건들은 점차 앞뒤가 들어맞기 시작하면서, 문맥상의 많은 실마리를 근거로 벤지의 장에서 일어난 사건들의 시간을 대충 구성할 수 있다.

　　1928년 4월 7일, 서른세 살이 되는 벤지는 1895년생이 분명하다.

　　1898년, 대무디 할머니가 세상을 떠났고, 캐디는 개울에서 속옷을 더럽혔다.

　　1900년, 캄슨 부부는 벤지의 이름을 모리에서 벤저민으로 바꿨다.

　　1902년, 벤지와 캐디는 모리 외삼촌의 연애편지들을 패터슨 부인에게 전달했고, 어느 날인가 벤지는 패터슨 씨에게 들켜 편지를 빼앗겼다.

1905년, 캐디는 처음으로 향수를 사용했고, 1909년경, 그네 근처에서 순결을 잃었으며, 1910년, 결혼했다.

곧이어 하버드대에 다니던 퀜틴이 강물에 몸을 던져 자살했고, 벤지는 캐디의 소식을 알아보기 위해 이웃소녀들에게 접근했다가 거세되었다.

1912년, 캄슨 씨는 알코올 중독으로 세상을 떠났다.

이 사건들은 캄슨 가에서 벌어지는 도덕적 부패의 양상을 보여주는데, 모리 외삼촌이 패터슨 부인과 불륜을 저지르면서 순진한 캐디와 벤지를 공모자로 끌어들이는 것이 그 시작이다. 바스콤 가문의 일원인 그의 부도덕성은 부분적으로는 캄슨 부인이 친정의 명성에 집착하고 아들의 이름을 바꾸도록 만들지만, 이처럼 동생의 부도덕과 거리를 두려는 상징적 시도는 머지않아 딸 캐디의 행실 때문에 허사가 되고 만다.

캐디의 속옷에 묻은 진흙은 훗날의 난잡한 행실을 암시한다. 캐디는 어린 나이에 사내아이들과 어울리고, 향수를 뿌리고, 개울 근처의 그네에서 밀회를 즐긴다. 벤지는 무엇인가가 잘못되었거나 제자리에 있지 않다는 것을 감지하며, 그것은 마음속에 있는 익숙한 양상들을 휘저어놓는다. 그가 감지하는 캐디의 난잡한 행동은 향수 냄새와 연결되어 있으며, 실제로 그녀의 향수 냄새를 맡을 때마다 혼란에 빠져 울기 시작한다. 1905년, 벤지가 처음 향수 냄새를 맡을 때는 아직 처녀였기 때문에 캐디는 문자 그대로 경솔한 행동의 흔적을 '씻어'낼 수 있다. 그러나 1909년, 데이트를 마치고 귀가했을 때는 벤지가 큰 소리로 울고, 캐디는 예전처럼 자기 죄를 단순히 씻어낼 수는 없다는 것을 알고 있다. 벤지가 당황한 것을 알고 캐디가 피하자, 벤지는 따라가며 더욱 크게 울어댄다.

일부 비평가들은 캄슨 삼형제가 나무 위로 올라가는 캐디의 더러운 속옷을 보는 순간을 이 소설의 주제인 도덕적 부패를 드러내는 클라이맥스 가운데 하나라고 주장한다. 그때, 삼형제는 의식했든 못했든 모두 캄슨 가에 내려진 저주를 의식한다는 것. 그 결과, 캐디의 더러운 속옷을 통해 예고된 난잡한 행실은 마침내 삼형제의 정서적 또는 정신적 안정을 해친다. 퀜틴은 캐디의 순결 상실에 절망한 나머지 자살하고, 제이슨은 캐디의 남편이 약속했던 직업을 놓쳐버린 후 분노와 증오 속에서 살아가며, 벤지는 캐디가 캄슨 집안에서 사라지자 세계의 질서가 파괴되면서 혼란에 빠지고 그녀의 생각이 머리에서 계속 맴돌며 기약 없는 귀가를 기다리는 것.

샛강 근처의 그네에서 그릇된 성을 발견하는 캐디와 딸 퀜틴의 유사성은 캄슨 가문의 도덕적 부패가 캐디 세대에서 끝나지 않는다는 암시다. 게다가 벤지는 캐디와 찰리의 밀회를 방해했듯, 퀜틴이 붉은 넥타이의 사내와 함께 있는 것도 방해한다. 그러나 캐디와 달리, 퀜틴은 죄의식이나 죄를 씻어낼 필요성을 느끼지 않는다는 점에 주목해야 한다. 이미 어머니가 퇴폐적인 행실의 선례를 보였기 때문에 자신의 행위가 나쁘다고 느끼지 않는 것이다.

벤지가 회상하는 이 사건들은 캄슨 가에서 나타나는 도덕적 부패의 양상뿐만 아니라 죽음의 양상도 드러낸다. 연대순으로 벤지가 회상하는 가장 오래된 과거는 대무디 할머니의 죽음이다. 이 소설에 생전의 모습이 등장하지 않는 그녀는 구세대의 일원으로서 19세기 옛 남부를 대변하며, 그녀의 죽음은 그 세계의 종말을 고하는 것으로 간주할 수 있다. 캄슨 가에 닥치는 비극의 소용돌이 속에서 맨 먼저 일어나는 사건이 구세대의 상징적 죽음인 것은 의미심장하다. 벤지의 거세는 가계(家系)의 종말을 강렬하게 상징하기 때문에 그 죽음의 망령이 다음 세대까지 연장된 것이라고 생각할 수 있다.

벤지는 아버지 캄슨 씨, 형 퀜틴, 딜시의 남편 로스커스의 죽음과 장례식도 떠올리는데, 마음속에서는 캄슨 가의 말(馬) 낸시의 시체 위를 선회하는 독수리들의 모습과 캄슨 가의 '검둥이' 하인들이 죽은 사람을 애도하는 곡소리와 연결되어 있다. 벤지가 이들의 죽음을 나란히 상기하는 것은 딜시와 캄슨 가문에서 드러나는 고통과 애도를 비교할 수 있게 해주는 의미가 크다. 캄슨 가의 사람들, 특히 캄슨 부인은 가족의 잇따른 죽음 때문에 허물어지고 회복하지 못하는 반면, 강한 정신력으로 남편의 죽음을 극복해내는 딜시는 뒷부분에서 암시되듯, 캄슨 가에서 부활과 소생을 약속하는 희망의 토대가 된다.

얄궂게도 캄슨 가문의 쇠퇴와 임박한 몰락을 감지하는 것은 벤지와 하인들처럼 전혀 아무런 대응도 할 수 없는 사람들인 것 같다. 벤지는 질서와 혼돈에 대한 예리한 감각 덕분에 대무디 할머니의 죽음, 캐디의 퇴폐적인 행동, 퀜틴의 죽음 같은 집안의 몰락 신호들을 느끼면서도 장애 때문에 징징거리고 우는 것 외에 달리 대응하지 못하고, 마찬가지로 캄슨 씨가 죽던 날 로스커스가 '여긴 재수가 없다'고 내뱉듯이 '검둥이' 하인들도 그 집안에 드리워진 저주와 몰락을 예감하는 것 같지만, 주인집에서 그들의 경고를 듣거나 진지하게 받아들일 가능성은 없다.

1910년 6월 2일

내가 어머니, 어머니, 하고 부를 수 있는 어머니가 있었더라면.

하버드대 기숙사에서 일어난 퀜틴 캄슨은 째깍거리는 시계소리를 듣고, 아침 7시에서 8시 사이라는 것을 알아차린다. 이어 아버지가 시계를 건네면서 이따금 잠시 시간을 잊게 하고, 시간을 정복하려 노력하면서 허송하지 않도록 하기 위한 물건이라고 '말씀하신' 기억을 떠올린다. '나는' 시계소리는 잊을 수 있지만 시간을 의식하지 않을 수는 없다는 생각이 들면서 비록 모든 자연을 형제자매라고 했던 성 프란치스코(St. Francis. 1181-1226)는 누이동생이 없었지만 죽음을 '누이동생'이라고 부른 것을 기억했다. 잠깐 일어나 시계를 엎어놓고 돌아서자 시간이 궁금해지기 시작했다. 퀜틴은 '순결하지 않은' 캐디의 결혼 청첩장에 나왔던 구절을 생각한다.

"제이슨 리치몬드 캄슨 부부는 캔데이스의 결혼을 발표합니다."

캐디는 불과 2개월 전인 4월에 결혼했다.

문간에 나타난 룸메이트 쉬리브가 2분 후에 수업종이 울린다고 알려주었다. 생각을 멈춘 퀜틴은 그렇게 늦은 줄 몰랐다며 서두르겠다면서 기다리지 말라고 대꾸했다. 쉬리브가 사라지자 창문가로 다가간 퀜틴은 바삐 달려가는 학생들 속에서 언젠가 쉬리브를 퀜틴의 남편이라고 부르며 퀜틴의 동정(童貞)을 조롱했던 4학년 스포드가 '느긋하게' 걸어가는 모습을 잠시 바라보면서 자신과 캐디의 동정에 대해 생각한다.

아버지에게 근친상간을 저질렀고 캐디를 임신시킨 사람은 달턴 에임즈가 아니라 자기라고 거짓으로 고백한 퀜틴은 달턴 에임즈라는 이름을 되뇌었으며, 지나치게 끔찍한 생각은 내일이 되면 기억도 못하고 아무 도움도 되지 않는다던 아버지 말을 떠올렸다.

퀜틴은 시계 유리를 경대 모서리에 쳐서 깨뜨리다가 손가락을 다쳤다. 시계는 계속 째깍거린다. 깨진 유리조각들을 치우고, 트렁크를 쌌다. 이어 목욕과 면도를 마친 다음, 트렁크 열쇠와 종이쪽지 두 개를 봉투에 넣고 아버지 주소를 썼다. 우체국에 가서 봉투를 부치고, 쉬리브에게 보내는 쪽지를 안주머니에 넣은 퀜틴은 평소 알고 지내는 검둥이 디콘을 찾았으나 눈에 띄지 않자 읍내의 식당에 가서 아침을 먹었다. 그 후 째깍거리는 소리로 가득한 시계방으로 가서 깨진 시계를 주인에게 보여주었으나 나중에 자세히 점검해야 한다는 답변을 듣고 나중에 다시 오겠다면서, 진열장의 시계들 가운데 시간이 맞는 것이 있는지 묻고는 몇 시인지 알려줄 필요는 없다는 말을 남기고 밖으로 나왔다.

퀜틴은 철물점에 들러 '아주 무겁기를' 바라면서 재단사가 본을 눌러두는 물건을 두 개 구입했다. 이어 행선지도 보지 않고 전차를 타고 가며 초등학교 시절에 혼자 초(seconds)를 세던 일을 잠시 떠올리고, 숫자를 제대로 세지 못했던 것과 언제 종이 울릴지 정확히 추측하지 못했던 것, 그리고 동생의 이름이 모리에서 벤저민으로 바뀐 날을 떠올리다 전차가 멈추자 내려 다리로 걸어가 물을 내려다보며 여러 가지 그림자와 익사에 대해 생각했다. 벤지는 할머니의 죽음을 냄새로 알아차렸다.

퀜틴은 잘난 체하는 하버드 재학생 제럴드 블랜드가 경주용 배를 젓는 모습을 보며 캐디의 난잡한 행동과 결혼, 어머니가 허버트에게 '하버드에 다니는 아들'을 소개한 일과 '다른 자식들과 달리 우리 친정 식구들을 닮아 멋진 은행가가 될' 제이슨의 은행 취직에 관한 허버트의 약속을 '내게' 들려준 일, 등 일련의 고통스러운 기억을 떠올리고, 캐디에게는 진정한 어머니가 없었으며 자신도 필요할 때 어머니에게 의지할 수 없었다는 생각을 했다. '북군 제복'을 갖춰 입은 디콘을 발견한 퀜틴은 쉬리브에게 보내는 쪽지를 건네며 '꼭' 내일 전해 달라고 부탁했다.

퀜틴은 시내전차를 타고 가면서 시간과 자신의 과거에 대해 생각했다. 캐디의 결혼식 이틀 전, 퀜틴을 좋아한다며 '이제 한집안 식구'로서 돕고 싶다면서 50달러를 내미는 허버트 헤드와의 분위기가 험악해지려는 순간에 캐디가 들어와 허버트를 내보냈다. 퀜틴이 아버지와 벤지를 돌봐달라는 캐디에게 만약 아프면 '저 건달'과 결혼해서는 안 된다고 말하자, 캐디는 임신 때문에 '누군가와는 결혼해야' 한다고 대꾸했고, 여러 남자와 관계를 가졌는지, 그리고 아기의 아버지를 아는지에 대한 물음에는 모호하게 대답했다. 이어 퀜틴의 또 다른 기억 속에서는 아버지가 캐디의 임신에 화를 내는 유일한 이유는 퀜틴이 아직 동정이기 때문이라고 말했다. 처녀성이란 남자들이 만들어낸 무의미한 개념에 불과하다는 말로 미루어 아버지는 딸의 임신에는 상대적으로 관심이 없었던 것 같다.

퀜틴은 다리 위에서 강을 내려다보며 죽음을 생각하면서, 캐디가 허버트와 결혼하는 것을 만류하려고 애썼던 때를 떠올린다. 허버트는 하버드 재학시절 속임수로 카드놀이를 하다 소속 클럽에서 쫓겨난 '불량배'이며, 아버지와 벤지를 위해서도 결혼하면 안 되니까 '내' 학비를 되찾아 벤지와 함께 '셋이서' 아무도 모르는 곳으로 가자고 설득했다. 그러나 캐디는 거부하고 그의 수업료는 벤지가 좋아하는 목장과 바꾼 돈인 만큼 중퇴는 안 된다면서, 알코올 중독인 아버지가 세상을 떠나면 벤지는 잭슨에 있는 정신병원으로 보내질 것이라고 걱정했다. 벤지는 캐디의 옷자락을 잡아당기며 울고 있었다.

빵집으로 들어간 퀜틴은 그곳에 있던 작은 계집아이에게 빵을 사주었고, 그 아이가 그것을 먹으면서 졸졸 따라오자 집을 찾아주려고 한참 동안 이곳저곳을 헤매다가 다시 읍내로 돌아왔다. 한 소년이 뛰어와 퀜틴에게 달려들었고, 사람들이 뜯어말렸다. 소년은 '내 누이동생을 납치했다'면서 씩씩대며 버둥거렸다. 체포되어 치안판사에게 끌려가던 퀜틴은 많은 구경꾼들 속에서 블랜드 부인이 부르는 소리를 듣고 고개를 돌렸다. 약국 앞에 서 있는 큰 자동차에는 쉬리브, 스뽀드, 제럴드 블랜드, 블랜드 부인, 그리고 두 처녀가 타고 있었다. 그들은 치안판사의 사무실로 따라왔다. 인정신문과 소녀의 오빠에게 이것저것을 묻고 아무 일도 없었다는 사실을 확인한 판사는 일하던 도중에 동생을 찾아다닌 소년에게 보상금 1달러를 지불하게 하고, 벌금 6달러를 부과했다.

일행이 차를 타고 가면서 이야기를 나누는 동안, 퀜틴

은 캐디가 달턴 에임즈와 관계를 가진 사실을 감지한 후에 대면했던 때를 떠올린다. 퀜틴은 캐디에게 그의 순결을 빼앗은 것은 자기였다고 아버지께 말할 것을 요구했으며, 심지어 그녀와 관계를 맺은 사람은 바로 자기라고 믿게끔 만들려고도 했다. 퀜틴이 칼을 뽑아 캐디의 목에 댔고, 캐디는 '울지 말라'며 찌르라고 말했으나 칼을 떨어트려 흐지부지되었다. 나중에 달턴 에임즈를 만난 퀜틴은 오늘밤 떠나지 않으면 죽이겠다고 위협하면서 '누이동생을 가져본 적이 있는지' 물었고, '없다. 하지만 여자는 모두 창녀'라는 대답에 주먹을 날렸다. 권총을 꺼내 나뭇잎을 맞춘 달턴이 다시 실탄을 장전한 후에 건네자, 퀜틴은 '필요 없다'며 또 주먹을 날렸다. 손목을 휘어잡은 달턴은 기를 쓰다 지친 퀜틴에게 '내 말을 타고 가라'고 권했지만, 퀜틴은 거부했다.

피가 계속 흘렀다. 쉬리브가 손수건을 적셔 눈에 대고 있으라며 건넸다. 퀜틴은 '제럴드 놈'이 여자들 앞에서 창녀 이야기를 떠벌리자, 갑자기 '누이동생을 가져본 적' 있냐며 덤벼들었다가 오히려 얻어맞고 피투성이가 되었던 것. '괜찮다'며 쉬리브와 스포드를 보낸 퀜틴은 시내전차를 타고 하버드로 돌아와 방에서 상의, 조끼, 넥타이, 셔츠에 묻은 핏자국을 휘발유로 닦아내고 가방에 넣은 후, 하버드의 명성에 비해 40에이커는 비싼 것이 아니라며 벤지의 목장을 팔아치웠던 때와 가족들을 생각했다. 아버지는 캐디와의 근친상간에 대해 듣고도 믿지 않고, 캐디의 행실 때문에 생긴 절망감은 곧 지나갈 것이라고 말했다. 수업종이 울렸다. 조끼와 웃옷을 입은 퀜틴은 시계를 쉬리브의 책상 서랍에 넣고 이를 닦은 다음, 모자를 집어 들었다.

이 장은 예리한 감수성과 비관적 사고를 지닌 퀜틴이 자살하는 날, 고뇌에 차고 뒤죽박죽인 내면 상태를 전달하고 있다. 포크너는 벤지의 이야기처럼 아주 혼란스럽지 않으면서도 매우 추상적인 퀜틴의 이야기를 통해 인간의 시간 경험을 계속 탐구한다. 벤지는 그저 막연한 인상과 객관적 관찰만 제공했으나 의식적이고 주관적인 목소리를 가졌으며 자주 추상적인 생각에 빠지는 경향을 지닌 퀜틴은 벤지가 확인하거나 숙고할 수 없는 인간의 동기, 원인과 결과, 상황에 대한 질문 속으로 독지를 몰아넣는다.

벤지처럼 퀜틴의 이야기도 아무 경고 없이 과거의 기억들이 계속 끼어들고 있지만, 주로 그의 환상과 뒤얽혀 있기 때문에 복잡하다. 따라서 이따금 어느 것이 실제 사건이고, 어느 것이 환상이나 소망에 근거한 것인지 구분하기 어렵다. 퀜틴의 마음은 벤지보다 훨씬 더 복잡하고, 자신의 회상이 기억에 불과하다는 것을 분명히 알고 있으면서도 벤지처럼 과거의 사건들을 현재의 사람이나 사물들과 연결시키기 때문이다.

포크너는 괘종시계와 손목시계를 자주 등장시켜 퀜틴의 세계에서 시간과 기억의 중요성을 강조하고 있다. 퀜틴은 시간의 덫에 제대로 걸려들어 과거와 기억에 집착하고, 항상 하버드대 시계탑의 종을 의식한다. 그리고 손목시계의 째깍거리는 소리는 시계를 경대 모서리에 쳐서 깨뜨린 후에도 계속 그를 따라다니는가 하면, 시계방 주인에게 시간이 맞는 시계가 있는지 물으면서도 몇 시인지 알고자 하지는 않는다. 게다가 그림자 안팎을 드나들며 걷는 것을 계속 언급하는데, 그림자는 하루 동안 태양의 위치에 따라 측정되는 시간을 끊임없이 상기시켜주는 존재다. 시간을 망각하고 있는 벤지와 달리, 이처럼 시간에 집착하고 사로잡힌 퀜틴은 자살을 유일한 탈출구로 간주한다.

분명히 퀜틴 장의 핵심은 캐디의 퇴폐적인 행실과 관련된 외로운 싸움이다. 퀜틴은 누이동생의 행실에 혐오감을 느끼면서 가문의 명예에 남긴 오점에 집착하고, 벤지처럼 질서와 혼돈을 강하게 의식한다. 그러나 벤지의 질서는 마음속에 있는 경험의 양상들에 근거한 반면, 퀜틴의 질서는 명예와 행위에 관한 전통적이고 이상화된 남부 규범—남성은 신사답고, 여성은 숙녀답게 행동할 것을 요구하는 매우 가부장적인 사회의 유산—에 근거한다. 따라서 퀜틴은 가문

의 명예, 신사다운 미덕, 힘, 우아함, 그리고 특히 여성의 순
결, 정조, 처녀성 같은 전통적 규범 하에서 신봉되는 이상들
을 강하게 믿는다.

퀜틴은 캐디의 퇴폐적인 행동을 더럽고 수치스러운 것,
남부의 규범에서 발견되는 이상적 여성성을 철저히 유린하
는 것으로 간주하기 때문에 깊은 상처를 입고, 스스로 명예
롭다고 생각하는 방식에 따라 자신의 질서의식을 유지하기
위해 애쓴다. 즉 자살이 가문의 명예를 구하는 최선책이라
고 판단하고 캐디에게 동반자살을 제의하는 것. 그러나 캐
디의 동의를 얻고도 실행 전에 칼을 떨어트려 뜻을 이루지
못하자, 거짓말이긴 해도 명예롭고 신사다운 행위라는 생
각에서 아이의 아버지가 되는 책임을 떠맡으려 한다.

퀜틴은 아버지가 캐디의 난잡한 행동에 전혀 개의치
않자 더욱 고통스러워한다. 퀜틴이 괴로워하는 이유를 알
고 있는 캄슨 씨는 아들이 지나치게 심각해지는 것을 막기
위해 이들의 도덕의식을 떠받치는 처녀성과 순결의 개념은
남성들이 발명한 하찮고 부자연스러운 것이며 여성에게는
그다지 중요하지 않고 이상화되어서도 안 된다고 주장하는
것. 그러나 총명한 이상주의자 퀜틴은 실제로는 누이동생과
아무 일도 없었지만 죄를 떠맡아 속죄하려는 필사적인 시
도에도 불구하고 아버지가 캐디처럼 무관심하자, 가족 그
누구도 자신의 규범과 신념을 공유하려 들지 않는다는 사

실을 깨닫고는 자신의 질서정연한 우주를 보존하면서 퇴장할 수 있는 유일한 수단, 즉 자살로 발길을 돌린다.

이처럼 캐디의 행동을 남부의 전통적 가치체계와 화해시키려는 퀜틴의 몸부림은 옛 남부와 현대 세계 사이의 충돌을 다루는 포크너의 좀더 광범위한 관심사를 반영하고 있다. 즉 중세 기사도처럼 이제는 대부분 사라진 옛 남부의 시대착오적 신화와 이상에 집착하려 드는 퀜틴 같은 사람들은 그들의 지배력이 점차 쇠퇴하고 그들의 질서의식도 사라지고 있다는 것을 감지하면서도 그것들에 의존하면서 현대 사회의 현실을 다룰 능력을 잃어버린다는 것. 〈음향과 분노〉에는 이렇게 옛 이상들의 수호자에서 현실적으로 변한 모습을 보여주는 인물이 여러 명 등장한다. 이를테면, 캄슨 가문에 남아 있던 옛 남부의 외로운 대표자 대무디는 다른 사건들이 벌어지기 전에 세상을 떠나고, 신세대의 외로운 일원 퀜틴 양은 못된 아이일 뿐만 아니라 캐디가 나쁜 짓을 하면서 느끼는 죄의식도 없이 퇴폐적인 행실을 이어가는 것.

도덕규범에 대한 퀜틴의 집착은 행동보다는 사고를 지향하는 전반적 성향의 한 가지 지표에 불과하다. 그는 아주 총명하지만 실체가 없는 시간, 명예, 처녀성 같은 모호한 개념들에 사로잡힌 나머지 전혀 아무 일도 하지 못한다. 언어로만 존재하는 추상적 개념들은 구체적인 행동으로 옮기기 어렵기 때문이고, 사실상 제대로 행동할 능력도 없기 때문에 자주 머리를 짜내도 실행에 성공하는 경우가 없는 것. 도피 수단으로 생각해낸 동반자살을 캐디의 동의를 얻고도 어설프게 칼을 떨어트려 실패하는가 하면, 달턴 에임즈와 제럴드 블랜드와의 싸움도 사실 일방적인 패배로 끝나고 말았다. 우리가 보기에 퀜틴의 행동들은 그가 신봉하는 남부 규범을 따랐으나 진정한 결과가 없는 무의미하고 무기력한 것들뿐이다.

퀜틴이 캐디의 난잡한 행실에 노여워하는 이유는 주로 그가 믿고 준수하는 도덕규범에 어긋나기 때문이지만, 그들 오누이 관계의 밑바탕에서는 그 이상의 어떤 것이 진행되고 있다는 느낌이 든다. 퀜틴은 빵집에서 만난 이탈리아 여자아이를 '더러운 계집애'라면서 캐디를 떠올리고, 캐디는 예전에 퀜틴이 어떤 소녀를 처음 만나고 왔을 때, 그 소녀를 비난하며 더럽다고 말한 적이 있다. 퀜틴이 캐디가 만나는 사내들을 질투하듯, 캐디도 퀜틴의 여자들에게 질투심을 느끼는 것. 포크너는 퀜틴과 캐디 사이에는 무의식적인 성적 좌절이 존재하며, 서로 상대방이 질투하도록 만들기 위해 연인들을 이용하고 있다고 암시한다. 그러나 동정인 퀜틴의 질투심이 캐디보다는 더 강렬할 수 있다. 따라서 캐디의 난잡한 행동이 초래한 수치와 절망에는 질투 섞인 분노의 요소가 담겨 있는지도 모른다.

1928년 4월 6일

나는 그 누구의 도움 없이도 살아갈 수 있어. 지금껏 살아온 것처럼 자립할 수 있다구.

때는 벤지의 이야기가 시작되기 전날인 1928년 성(聖) 금요일 아침. 캄슨 부인이 퀜틴의 무절제한 학교생활에 대해 하소연하며 신경 좀 쓰라고 말하자, 제이슨은 '제가' 혼낼 때마다 어머니가 끼어들어 '어머니와 저를 모두' 우습게만 만들지 않고 '제게' 맡겨두면 해결된다고 대꾸한다. 출근하던 제이슨이 퀜틴의 무절제한 행실을 거칠게 나무라며 분위기가 험악해지자 딜시가 제이슨의 팔에 매달렸고, 캄슨 부인이 나타나면서 상황은 끝이 났다. 퀜틴을 학교까지 데려다준 제이슨은 "다시 한번 건달패와 어울려 다니다 눈에 띄면 세상에 태어난 것을 후회하도록 만들어주겠다"고 으름장을 놓았지만, 퀜틴은 '이미 후회하고 있다'면서 '외삼촌이 있는 곳보다는 지옥이 낫다'고 응수했다.

가게에서 손님을 맞던 제이슨은 아버지의 장례식 날과 지난 시절을 회고한다. 캐디의 결혼생활은 허버트가 아닌 다른 사람의 아이를 임신한 사실이 밝혀지면서 1911년, 파경을 맞았다. 어느 날, 캐디는 제이슨에게 사생아 퀜틴을 길러달라며 보냈고, 제이슨은 '일자리'를 보내주었다고 비아냥댔다. 캄슨 부인은 가문의 명성을 더럽힌 '어미의 이름을' 아이가 알면 안 된다면서 절대 입에 올리지 말든가 아이를 내보내든가 양자택일하라고 재촉했지만, 캄슨 씨는 맡아 기르기로 결정했다.

퀜틴이 자살한 이후, 캄슨 가문은 '내 차례가 오기 전에' 아버지가 술로 거덜 내고 세상을 떠나자, 가장 역할을 떠맡은 제이슨은 사업을 할 것이란 어머니의 기대와 달리 읍내의 농업용품점에서 일하게 된 처지를 몹시 괴로워했다. 제이슨은 캐디가 보내는 퀜틴의 양육비를 가로채고 어머니에게는 가짜 수표를 건네지만, 시력이 나쁘고 아들을 맹신하는 캄슨 부인은 눈치 채지 못하고 '못난 딸이 보낸 돈'은 쓰지 않는다며 받을 때마다 태워버렸다. 제이슨은 15년 동안 대략 5만 달러를 챙겨 목화 시장에 투자하고, 일부는 멤피스에 있는 매춘부에게도 쓴다.

신문에서 우연히 아버지의 부고를 보고 장례식 날 몰래 묘지를 찾아왔던 캐디는 제이슨의 꼼수를 의심하고 은행 거래내역을 요구했으나 어머니에게 이르겠다고 으름장

을 놓자, '네 혈육인 그 아이에게' 보내는 수표와 물건들을
잘 전해 달라며 물러섰다.

'점심을 먹고 오겠다'는 농업용품점 주인 얼의 말에 회
상에서 깨어난 제이슨은 우체국에서 찾아온 캐디의 편지를
뜯었다. 그 속에는 늘 보내오던 수표 대신 현금으로 바꾸려
면 퀜틴의 서명이 필요한 50달러짜리 우편환이 들어 있었다.
기분이 언짢아진 제이슨은 '나는' 토요일에도 일하면서 스
무 살이 넘을 때까지도 만져보지 못한 큰돈을 어린 계집애
에게 보내주니 비뚤어질 수밖에 없는 노릇이라고 생각하고,
'엄마의 연락을 받았다'며 돈을 받으러 찾아온 퀜틴을 윽박
질러 우편환의 액수는 보여주지 않은 채, 서명을 받고 10달
러를 주어 보냈다.

읍내에서 백지수표를 얻어 가짜수표를 만든 제이슨은
집으로 가서 어머니에게 건네며 '태워버리라'고 말했다. '이
제는 자존심도 없어졌다'며 태우기를 망설이다가 제이슨이
재촉하자 성냥을 그은 캄슨 부인은 '죄가 있건 없건 내 혈
육'인 캐디를 받아들일 용의가 있다면서, 그러면 퀜틴과 '너
를 위해서도 좋을 것'이라고 덧붙였다. 식사도 혼자 못해 '검
둥이' 러스터의 시중을 받고 있는 '서른 살이나 처먹은' 벤
지를 보고 화가 치민 제이슨이 '어머니가 돌아가시면' 잭슨
에 있는 정신병원으로 보내버리겠다고 말하자, 캄슨 부인
은 울기 시작했다.

얼은 점심시간을 많이 잡아먹은 제이슨을 나무라며 '자네 어머니가' 가여워 눈을 감고 있는 것이라면서, 자동차 대금을 지불하기 위해 어머니 돈을 훔친 것과 '자네 어머니께서 이 사업에 투자한 것으로 믿고 계신' 천 달러에 대해서도 알고 있다고 덧붙였다. 잠시 후, 뒷방에서 경운기를 조립하는 '검둥이' 점원과 순회극단 쇼에 대해 노닥거리던 제이슨은 학교에 있어야 할 퀜틴이 요란스런 모습으로 붉은 넥타이의 사내와 지나가는 모습을 보고 화가 치밀어 뒤를 쫓았으나 놓치고 잠시 집안 생각에 잠겨 있다가 목화 시장에 투자한 그의 계정이 폭락했다는 전보를 갖고 찾아오던 소년과 맞닥뜨렸다.

화가 난 제이슨은 집으로 돌아가 차를 몰고 다시 읍내로 나왔는데 마주 오던 차가 뒤로 돌더니 쏜살같이 달아났다. 그 차를 추격한 제이슨이 '어머니가 사시는 이 땅에서 네가 그 짓거리 하는 현장만 눈에 띄지 않도록 해달라'고 중얼거리며 덤불 속을 헤매다 허탕을 치고 돌아오는데 갑자기 차가 출발하는 소리가 들렸고, 급히 달려가 보니 그의 차 바퀴 하나에 바람이 빠져 있었다. 화가 치밀어오른 제이슨은 '내가 너라면' 아무리 미워도 '외삼촌'이 낯모르는 '사내놈'에게 당하도록 내버려두지는 않았을 것이라고 중얼거렸다. 상점으로 돌아온 제이슨은 결혼에 대해 생각했다. 교회에 나가고 '로레인만큼 단정한 구석이 있는' 여인이라면 누구

든지 만나보고 싶다. 어머니는 '네가 우리들 때문에' 평생 노예처럼 지내지 않고 행복한 가정을 이루는 모습을 보고 싶다고 '말씀하셨고,' '나는' 지금 있는 여자들을 돌보기도 벅찬데, '나와' 결혼하는 여자가 있다면 '마약환자일 것'이라고 대꾸했었다.

상점을 문을 닫고 집으로 돌아오던 제이슨은 단 한 번이라도 벤지와 '저 검둥이 놈'이 문 앞에 매달려 있는 것을 보지 않았으면 좋겠다고 생각하며, 그 일로 벤지가 거세당한 일을 떠올렸다. 차를 주차하고 부엌으로 들어가니 그곳에 벤지와 러스터가 있었다. 러스터는 2층에서 퀜틴과 캄슨 부인이 다투고 있으며 딜시는 말리는 중이라면서, 순회극단 쇼의 입장권 구입비 25센트를 빌려달라고 간청했다. 제이슨은 얼에게 얻은 공짜표 두 장을 내보이며 5센트에 사라고 계속 놀리다가 러스터가 돈이 없다며 한 장만 달라고 애원해도 보란 듯이 난로 속에 집어넣었다. 그 광경을 지켜보며 가슴이 아팠던 딜시는 프로니에게 돈을 얻어줄 테니 '내일 밤' 공연에 가라고 러스터를 달랬다. 제이슨이 안으로 들어가자 딜시가 저녁을 차렸다.

제이슨이 붉은 넥타이의 사내와 함께 있는 모습을 보았다는 암시를 여러 번 보내자, 화가 치민 퀜틴은 캄슨 부인에게 '외삼촌은' 왜 항상 '나를' 못살게 구느냐고 따졌다. 캄슨 부인은 제이슨이 '네게는 친아버지 같고 우리를 먹여

살리고 있으니' 잘못하면 나무라는 것은 당연하며 말을 잘 들어야 한다고 타일렀다. 퀜틴은 자신의 비행은 '외삼촌 때문'이라면서 '모두들 죽어버렸으면 좋겠다'는 말을 남기고 자기 방으로 갔다. 잠시 후, 2층으로 올라간 제이슨은 열쇠 구멍을 통해 퀜틴이 공부하는 모습을 확인하고, 자기 방으로 가서 상자를 꺼내 돈을 세었다.

이 장에서 포크너의 어조는 "내 말인즉슨 한 번 창녀는 영원한 창녀라는 거야"라는 첫 문장에서 드러난다. 인색하고 가학적이고 비열하게 성장한 제이슨의 이야기 형식에는 그렇게 굳어진 마음이 투영되어 맺고 끊음이 분명하며, 신속하고, 감정이 거의 배제되어 있다. 그 같은 명료함 덕분에 앞선 두 개의 장에서 막연히 암시된 여러 주요 사건들—벤지의 서세, 퀜딘의 투신자살, 캐디의 이혼—이 자세히 밝혀진다. 그러나 제이슨 장은 벤지와 퀜틴의 서술이 지닌 혼란스러운 '의식의 흐름'에서 벗어났다는 안도감을 주기는 해도, 결국 증오심과 비열함으로 똘똘 뭉친 제이슨이 캄슨 가문을 꾸려나가는 모습을 묘사하기 때문에 조금 당혹스러운 면이 있다.

영리한 제이슨은 재능을 선하게 이용하지 않고, 증오

심에 굴복하고 피해의식에 몸부림친다. 캐디 때문에 허버트의 은행에 취직할 기회를 박탈당했다고 증오하지만, 캐디가 없었더라면 애초에 그 제의를 받지도 못했을 것이란 사실은 외면하는 것. 제이슨이 어린 시절에 보여준 단순한 사악함은 성인이 되어 더욱 심해져 주변사람을 괴롭히며 쾌감을 느끼고, 자신이 항상 옳다는 확신에서 힘을 얻는다.

제이슨이 캄슨 가의 가장이 되었다는 사실은 그 가문이 끝 모를 바닥으로 추락했다는 증거다. 남북전쟁 당시 장군이었던 할아버지와 미시시피 주 지사를 지낸 증조할아버지는 가문의 명예를 빛낸 반면, 제이슨은 농업용품점 점원으로 일하며 고작 가족의 돈이나 훔치는 작자이기 때문이다. 얄궂게도 4남매 가운데 친정인 바스콤 가를 가장 많이 닮았다며 사랑과 신뢰를 보내는 눈이 나쁜 어머니의 돈과 누나가 15년간 딸에게 보낸 돈을 가로채 자신의 잇속을 챙기고 있는 것.

제이슨은 과거에 대해서는 전혀 무관심하기 때문에 선조들의 위대함에 부응하지 못하는 삶을 괴로워하지 않고, 벤지나 퀜틴과 달리, 현재, 그리고 미래의 개인적 이익을 위해 현재를 교묘히 이용하는 쪽에 전적으로 초점을 맞춰 과거의 사건들을 회상하면서도 '지금 여기'의 자신에게 미치는 효과에만 관심을 쏟는다. 예컨대, 시시하고 불만스러운 직업에 종사하고 있기 때문에 캐디의 이혼을 떠올리고 곰

곰이 생각하는 것. 그러나 현재의 환경을 자신에게 유리하도록 끊임없이 비틀려고 애쓰지만, 사실 아무런 영감도 없다. 탐욕과 이기심을 유지하고 미래의 이익에 집중하면서도 좀 더 높은 목표를 위해 작동하도록 이용하지 않는 것이다. 한 마디로 제이슨은 사실상 아무런 야심도 없는 동기 그 자체일 뿐이다.

1928년 4월 8일

어쨌든 신이라면, 그런 걸 허락하지 않을 거야. 나는 귀부인이야. 내 자식들을 보면 믿지 않을지 몰라도 나는 귀부인이라구.

벤지의 이야기 이후 하루, 그리고 제이슨의 이야기 이후 이틀이 지난 1928년 4월 8일, 부활절 주일. 아침 일찍 캄슨 가로 건너간 딜시는 난로에 불을 지피고, 아침식사를 준비하기 시작했다. 캄슨 부인이 딜시를 불러 일주일에 한 번뿐인 제이슨의 늦잠을 방해하지 않도록 러스터에게 벤지를 건사시키라고 지시했다. 벤지를 부엌에 데려다놓고 식사시간을 알리러 갔던 러스터가 돌아와 '벤지와 내가' 자기 방의 유리창을 깼다며 제이슨이 화가 났다고 투덜댔다. 러스터에게 창을 깨지 않았다는 다짐을 받은 딜시는 아침상을 차리고, 러스터는 징징거리는 벤지에게 능숙한 솜씨로 아침을 먹였다.

캄슨 부인과 제이슨이 식당으로 들어오자, 딜시는 러

스터가 유리창을 깨지 않았다고 말했다. 제이슨은 '알고 있다'며, 아침을 먹게 퀜틴을 데려오라고 지시했다. 딜시는 '늦잠을 자게 내버려두라'며 버티다가 '나나 할멈은 이 집안 가장'이 시키는 대로 따르면 된다는 캄슨 부인의 말에 2층으로 올라갔다. 제이슨은 '굉장한 종을 모시고 살고 있다'며 빈정거렸다.

딜시가 계속 퀜틴을 불러도 대답이 없자, 이상한 낌새를 감지하고 황급히 달려간 제이슨이 뒤따라온 어머니의 열쇠꾸러미를 빼앗아 맞는 열쇠를 찾는 동안 캄슨 부인은 울고 있었고, 딜시는 '도련님이' 퀜틴을 다치지 못하게 할 테니 걱정하지 말라고 다독거렸다. 잠시 후, 문을 따고 들어가니 창문은 열려 있고, 퀜틴은 없었다. 캄슨 부인은 퀜틴도 죽을 때 편지를 남겼으니 빨리 편지가 없는지 찾아보라고 딜시를 재촉했다. 다른 방으로 달려가 금속상자를 열어본 제이슨은 보안관에게 전화를 걸고 부리나케 집을 나갔다.

딜시는 프로니, 러스터, 벤지를 데리고 부활절 예배를 보러 '검둥이' 교회에 갔다. 그리스도의 삶과 죽음에 대해 쉬고그 목사의 설교를 들으며 눈물을 흘렸던 딜시는 돌아오는 길에도 여전히 울고 있었다. 프로니가 '왜' 울음을 그치지 않느냐고 묻자, "나는 시작을 보았고, 지금 그 끝을 보고 있다"고 대답했다.

보안관 사무실을 찾아간 제이슨은 추격을 재촉했으나

보안관은 오히려 '집에 3천 달러씩이나 되는 큰돈을' 두었다가 도둑맞았다는 제이슨의 주장을 의심하고, 그가 퀜틴을 '도망치도록 내몬 것'이 아니냐면서 좀더 구체적인 증거가 나타나지 않으면 관여할 수 없다고 거절했다.

휘발유를 넣고 타이어에 바람을 채운 다음, 차를 출발시킨 제이슨은 멤피스에 있는 로레인을 떠올리다가 취소된 은행 일자리를 보상받는 의미로 '뼈 빠지게 모은 돈을' 바로 그 일자리를 빼앗은 '창녀 같은 계집애'에게 털렸다며 치를 떨었다. 순회극단의 다음 공연지로 퀜틴과 붉은 넥타이의 사내를 추격한 제이슨은 '그들을 내보냈다'는 극단 운영자의 말을 듣고 맥이 빠져 한 '검둥이'에게 4달러를 주고 대리운전을 시켜 제퍼슨으로 돌아왔다.

러스터가 계속 울어대는 벤지를 달래기 위해 마차에 태워 읍내를 돌아다니다가 티피와 함께 항상 다니던 길을 벗어나자 벤지는 다시 울기 시작했다. 광장을 가로질러 달려와 마차에 올라탄 제이슨은 러스터의 머리를 갈기며 벤지에게 익숙한 길로 다니라고 윽박지르고, 울음을 그치라며 벤지를 때리고는 뛰어내렸다. 더 크게 울어대던 벤지는 러스터가 방향을 바꾸면서 눈에 익숙한 전봇대, 문간, 창문, 간판, 나무들이 모두 질서정연하게 흘러가자 마침내 울음을 그치고 조용해졌다.

〈음향과 분노〉는 캄슨 가의 몰락을 상징하면서 끝을 맺지만, 부활이나 소생의 가능성도 암시한다. 중요한 점은 마지막 장이 그리스도가 부활한 주일에 벌어진 일을 다루고, 따라서 구원과 희망을 강하게 상징한다는 것이다.

캐디는 많은 점에서 이 소설의 가장 중요한 인물이자, 캄슨 가의 자녀들 가운데 유일하게 이야기할 기회를 갖지 못하기 때문에 독자는 그녀가 마지막 장의 서술자일 것이라고 기대하지만, 포크너가 3인칭의 관점에서 직접 이야기를 들려준다. 독자가 캄슨 가의 내부세계로부터 한 발짝 물러나 드러나지 않은 비극을 좀더 개괄적으로 보게 만드는 효과를 갖는 이 같은 객관적 서술은 캄슨 가의 세계를 분노 없이 바라보는 능력에서는 벤지와 유사하지만, 전지적(全知的)이고 좀더 전통적인 방식에 따라 이야기를 들려준다는 점에서는 차이가 있다.

퀜틴이 돈을 훔쳐 달아날 때, 캄슨 가의 명성은 여지없이 손상된다. 캐디는 사라졌고, 남아 있는 형제는 정서적이나 이지적으로 가문의 성가(聲價)를 후대에 계승시킬 능력이 없다. 캄슨 가에 전해오는 거의 신화적인 과거는 해체되고, 남은 자손이라곤 징징거리는 백치와 비열하고 무일푼인 데다 독신인 농업용품점 점원뿐이다. 이제 캄슨 가문은 끝

장난 것이다.

퀜틴의 도주 성공은 특히 캄슨 가의 여인들과 관련한 그 집안 사내들의 무기력과 실패를 강조한다. 캄슨 씨는 아내의 불평을 끊임없이 받아주며 자기연민과 의존적 천성에 따라 가족을 비뚤어지게 이끌도록 방치함으로써 그 선례를 남겼다. 벤지, 퀜틴, 제이슨 형제들도 모두 이런저런 방식으로 캐디에게 휘둘렸다. 벤지는 캐디가 규정하는 질서의식 없이는 제구실을 못하고, 퀜틴은 캐디의 난잡한 행실을 알게 되자 혼란스러워하며 허둥대고, 제이슨은 캐디의 혼전 임신 때문에 직업을 잃었다며 앙심을 품은 채 그 굴레에서 헤어나지 못한다. 그러나 캐디가 그들을 좌지우지하려고 적극적으로 애쓰거나 해를 끼친 적은 없다. 형제들의 성적 무기력도 캐디에게 전적으로 의존한 벤지의 내적인 질서의식, 여성의 순결에 대한 퀜틴의 병적인 이상(理想), 제이슨의 자기연민 같은 내적 나약함이나 일종의 자기도취 때문이다.

캄슨 가의 허약함과 몰락에도 불구하고 그 집안을 결합시킬 희망과 안정의 근원은 아직 하나가 남아 있다. 바로 소박하고, 굳건하고, 모성애 넘치고, 신심 깊은 딜시의 존재다. 딜시는 캄슨 가문의 토대가 된 전통적인 남부의 종교와 가족의 가치를 똑같이 고수하면서도 주인집 식구들과 달리 자기도취 때문에 그 가치들이 부패하도록 내버려두지 않는다. 식사 준비를 위해 아침 일찍 캄슨 가로 건너가 할일을 해내고, 다른 가족과 달리 벤지를 교회에 데려가는 것도 수치스러워하지 않는다. 유일하게 캐디처럼 벤지를 사랑하며, '인자하신 하나님은' 지능에 상관없이 누구나 사랑한다고 믿는 것. 그리고 퀜틴처럼 시간의 경과에 집착하지 않고, 캄슨 가족들처럼 경험의 혼돈에 압도되지 않으면서 불굴의 의지와 사랑하는 사람들을 보호하려는 의무감으로 행복과 불행을 견뎌낸다. 캄슨 가의 비극을 슬픈 눈으로 바라보기는 해도 정신이 오염되지 않는 것이다.

"나는 시작을 보았고, 지금 그 끝을 보고 있단다."

딜시가 던지는 이 대답은 캄슨 가문의 몰락은 더 큰 순환의 일부라는 점을 암시한다. 사실, 딜시는 캄슨 가문의 선조들이 본래 신봉했던 가치를 실제로 부활시켰다. 자기도취에 휩싸여 가문의 힘을 무시하다가 위대한 명성과 함께 사라지는 캄슨 가문과 달리, 겸손하고 꾸밈없으면서도 강력한 가치규범을 깊이 존중하며 강한 정신력을 유지하는 딜시는 자기도취와는 거리가 멀다. 캄슨 가의 유산을 구제하는 인물이자, 한때 위대했던 가문의 완전한 추락 이후에 거의 우아한 착륙을 준비하는 딜시의 새로운 역할은 어떤 면에서는 전통적 남부 질서의 반전(反轉)을 나타낸다. 남부 사회에서 최하층민으로 여겨졌던 '검둥이' 가정부가 백인 명문

가의 이름을 계승하는 유일한 인물이 되기 때문이다.

이 소설은 잠시 벤지의 마음속에 존재하는 질서와 혼돈의 세계로 되돌아가 그 출발점이었던 벤지에게서 끝을 맺는다. 마차가 예기치 않는 방향으로 접어들자, 벤지는 울기 시작했다. 이탈은 익숙하고 질서정연한 일상을 흩트려 놓기 때문이다. 이어 러스터가 익숙한 길로 들어서자, 질서가 이기고, 벤지의 경험적 요소들이 마음속에 기대하는 장소들로 되돌아오면서 벤지는 평화로워진다. 이 장면은 캄슨 가의 이름 자체도 딜시의 보호 아래 똑같이 질서를 찾을 것이라는 희망을 암시한다.

Important Quotations Explained

다음은 주요 인용구 해설입니다.

1. 캐디에게서는 나무 같은 냄새가 난다.

    — 벤지의 장. 벤지는 여러 번 캐디에게서 나무나 나뭇잎 같은 냄새가 난다고 말한다. 캐디는 어린 시절 벤지에게는 유일한 어머니 상이자 애정의 근원이었으며, 마음속에 안락함과 질서의 토대를 제공한 인물이다. 이토록 캐디에게 거의 전적으로 의존하던 벤지는 누나가 떠나자 혼돈에 빠지고, 가장 오래된 기억들 속에서 캐디의 발랄한 순수성과 포근함을 함께 놀았던 곳의 나무들 냄새와 즐겁게 연관시키는 것이다. 이후 캐디가 사내들을 만나고 다닐 때는 그녀의 변화에 주목하는데, 그 고통스러운 인식은 그의 질서의식을 어지럽힌다. 캐디는 동생이 혼란스러워한다는 사실을 눈치 채고 피하기 시작하며, 벤지는 캐디에게서 갑자기 '나무 같은 냄새'가 나지 않는다는 말로 그들 사이의 새로운 거리감을 슬퍼한다. 나무는 캐디가 벤지의 삶에 가져다준 애정과 편안함을 연결시키는 유쾌한 기억인데, 그 질서가 사라지자 더 이상 캐디를 그 기억과 연관시키지 않는 것이다.

2. 내가 어머니, 어머니, 하고 부를 수 있는 어머니가 있기라도 했더라면…

— 퀜틴의 장. 끝부분에서 퀜틴이 어머니의 애정을 거의 받지 못한 어린 시절을 떠올리며 되풀이하는 구문. 자기도취, 자격지심, 피해의식에 시달리는 캄슨 부인은 남편이 항상 다른 자식들 편만 들고 친정 바스콤 가를 닮은 제이슨은 나쁜 놈을 만든다며, 유독 애정을 쏟았다. 따라서 '그 잘나고 강한 캄슨 가의 이기적이고 허영에 들뜬 기질을 이어받아 아무것도 사랑한 적이 없는' 퀜틴과 캐디는 어머니에게 무시당하고 사랑받지 못하는 국외자로서 밀접하게 결속되었으며, 퀜틴은 누이동생을 '요란스런 세상'과 격리시키려고 집착하다가 뜻을 이루지 못하자 절망한 나머지 자살로 삶을 마감한다. 생애의 마지막 몇 시간 동안 퀜틴의 생각을 사로잡은 대상—어머니의 부재와 무관심—은 캄슨 부인이 어머니 역할을 제대로 못한 결과가 얼마나 심각하고 파괴적인지를 입증한다.

3. **나는 그 애에게 손도 까딱하지 않을 겁니다. 그 창녀는 내 출세의 유일한 기회인 직장을 날려버렸고, 내 아버지를 죽였고, 매일 내 어머니의 목숨을 단축시키고 있으며, 읍내에서 내 이름을 웃음거리로 만들었죠. 나는 그 애에게 아무 짓도 하지 않을 겁니다.**

— 마지막 장. 퀜틴을 잡으면 어쩔 셈이냐고 묻는 보안관에게 제이슨이 던지는 답변. 사악하고 자신이 희생자라는 자기연민에 휩싸인 그가 성인시절의 많은 시간을 다른 사람들에게 분노하고 비열하게 구는 가장 큰 이유는 캐디와 조카 퀜틴 탓으로 허버트가 약속했던 은행 일자리를 놓치고 농업용품점 점원으로 힘겹고 보잘것없이 살아가게 되었다는 생각 때문이다. 따라서 캐디 모녀에 대한 원한과 미움이 뼈에 깊이 사무쳐 있는 그에게는 도둑맞은 돈보다는 놓쳐버린 일자리에 대한 보상의 의미로 열심히 모은 돈을 그 일자리를 빼앗은 '창녀 같은' 퀜틴에게 털렸다는 사실이 더욱 견딜 수 없

다. 그러나 얄궂게도 퀜틴에게 '아무 짓도 하지 않겠다'는 말
은 거짓이 아니다. 이제는 퀜틴이 그의 손길이 미치지 않는
곳으로 달아나버렸기 때문에 좌절하고 체념하는 것.

**4. 어쨌든 신이라면, 그런 걸 허락하지 않을 거야. 나는 귀부인이야.
내 자식들을 보면 믿을 수 없을지 몰라도 난 귀부인이라구.**

— 마지막 장. 퀜틴의 도주 사실을 알게 된 캄슨 부인이 처
음에는 '외삼촌을 닮아' 외손녀가 자살했거나 '어미를 닮아'
타락했을지도 모른다고 생각했다가 하나님은 그녀의 자손
들이 고귀한 자신에게 그런 식으로 상처를 주도록 내버려두
지는 않을 것이라고 믿으면서 자위하는 말. 이 인용구는 캄
슨 부인의 사고과정에 대해 많은 사실을 깊이 들여다보게
해주는데, 우선 그녀의 심각한 자기도취를 증명한다. 아직도
아들이 어머니 때문에 겪은 절망감이 얼마나 크고 심각했는
지를 전혀 모르고, 자신을 무시하거나 상처를 주기 위해 자
살하지는 않았을 것이라며 책임을 회피하는 것. 게다가 그녀
는 하나님이 그녀의 귀족 지위에 대해 특권을 준다고 생각
하는 것 같다. 이 소설 내내 이 같은 이기심, 망각, 자만심을
드러내는 캄슨 부인은 가문의 토대가 되는 가치들을 무시하
고 부패시켰으면서도 여전히 세상에서의 자기 지위를 정당
화하기 위해 선조에 의존하고, 가문의 개념—친정 가문의 위
대한 역사와 이름—에 집착하는 한편, 그 유산을 지켜나갈
마지막 희망인 자식들을 사랑하거나 돌볼 능력은 보여주지
못한다.

5. 나는 시작을 보았고, 지금 그 끝을 보고 있단다.

— 마지막 장. 퀜틴의 도주 이후, 부활절 예배에서 쉬고그

목사의 설교를 듣고 돌아오는 길, 계속 눈물을 흘리는 딜시에게 딸 프로니가 그 이유를 물었을 때 들려주는 대답. 캄슨 가문의 비극에 대한 통찰과 그것을 더 큰 순환의 맥락에서 개괄하는 능력을 보여주는 장면이다. 딜시는 캄슨 가의 아이들이 어린 시절이던 '시작'부터 존재했으며, 그 가문이 해체되는 정점인 '끝'에서도 여전히 그 자리에 있다. 이런 의미에서 이 소설의 불변수를 대표하는 딜시는 캄슨 가족이 오래 전에 내던져버린 신앙, 사랑, 가족 같은 남부의 순수한 가치를 유지하고, 시간의 시험을 견뎌내면서 세속성이나 사소한 인간적 관심사들로부터 완전히 벗어난, 영원에 대한 자신의 통찰력을 확신하기 때문에 살아남고, 영적인 불멸을 믿기 때문에 시간에 대한 편견이 없으며, 따라서 캄슨 가문의 비극을 객관적으로 올바르게 볼 수 있다. 시간의 경과를 인정함으로써 고요하고 위안을 주는 존재가 되면서, 캄슨 가처럼 자신에게도 '시작'과 '끝'이 있다는 사실을 받아들이고 과거에 대한 집착으로 시간을 낭비하기보다는 능력껏 주어진 시간을 이용하는 것이다.

제목: 음향과 분노 The Sound and the Fury

작가: 윌리엄 포크너 William Faulkner

작품 유형: 소설

장르: 현대 소설

언어: 영어

집필 시기와 장소: 1928년, 미시시피 주 옥스퍼드

초판 발행연도: 1929년

출판사: 조너선 케이프 앤드 해리슨 스미스 Jonathan Cape and Harrison Smith

화자: 네 개의 장에서 네 명의 화자가 말한다. 네 명의 화자는 캄슨 가의 막내 벤지, 장남 퀜틴, 차남 제이슨, 그리고 캄슨 가의 하녀 딜시에게 초점을 맞추는 전지적 3인칭 화자인 포크너 자신.

관점: 벤지, 퀜틴, 제이슨은 참여자인 1인칭 화자로 현재 그들에게 일어나고 있는 사건들에 관심을 기울이지만, 종종 과거의 기억으로 되돌아가는 '의식의 흐름' 문체로 이야기한다. 마지막 장은 3인칭 전지적 관점으로 서술된다.

어조: 화자들의 마음 밖의 세계는 개인적 생각, 기억, 관찰을 통해 서서히 드러나는데, 어조는 화자에 따라 장마다 다르다.

시제: 현재와 과거

배경(시간): 세 개의 장은 1928년 부활절 주말이고, 퀜틴의 장은 1910년 6월이지만, 각 화자들이 떠올리는 기억은 1898

년부터 1928년까지 포함

배경(장소): 미시시피 주 제퍼슨과 매사추세츠 주 캠브리지 (하버드 대학교)

주인공: 퀜틴 가의 4남매—캐디, 퀜틴, 벤지, 제이슨

주요 갈등: 캄슨 가문의 장기간에 걸친 몰락과 뛰어난 유산을 지키려는 몸부림. 그 갈등은 캐디의 난잡한 행실, 혼외 임신, 이혼, 그리고 캄슨 가족들에게 계속되는 좌절과 죽음에서 분명하게 드러난다.

상승: 캐디가 진흙 묻은 속옷을 입은 채 나무 위로 올라가는 것, 벤지의 개명, 캐디의 임신과 결혼, 퀜틴의 자살, 벤지의 거세, 알코올 중독으로 인한 캄슨 씨의 사망

클라이맥스: 퀜틴이 제이슨의 돈을 훔쳐 붉은 넥타이의 사내와 도주하는 사건

하강(클라이맥스 다음 이야기): 딜시가 벤지를 부활절 주일 예배에 데려가는 것과 벤지가 묘지로 여행 가는 것

주제: 남부 귀족적 가치의 타락, 부활과 소생, 언어와 서술의 실패

모티프: 시간, 질서와 혼돈, 그림자, 객관성과 주관성

상징: 물, 퀜틴의 시계, 캐디의 진흙 묻은 속옷, 캐디의 향수

전조: 캐디가 배나무에 올라갈 때 보이는 진흙 묻은 속옷은 캄슨 가문의 명성이 입게 될 결코 씻을 수 없는 필연적인 오염을 예고한다.

다음 질문에 대해 간단히 서술하시오.(—부분은 참고만 할 것)

1. 〈음향과 분노〉의 1장은 현대 미국문학에서 가장 매력적인 서술의 하나로 손꼽힌다. 그 이유는 무엇인가?

    — 첫 장의 화자인 백치 벤지는 시간 개념이 없다. 따라서 과거와 현재의 사건들을 구분하지 못하기 때문에 이따금 이야기의 일관성이 떨어져 독자를 당혹시킨다. 이를테면, 골프 코스와 울타리의 말뚝 같은 그의 일상적 삶의 이미지들을 그것들과 연관된 과거의 다른 사건들과 결합시킬 수 있을 뿐이다. 이 같은 과거와 현재의 뒤섞임은 캐디가 어른이 되어 영영 집을 떠났으며 다시는 나타나지 않을 것이란 사실을 이해하지 못하고 학교에 갔다가 돌아오기를 기다리고 있는 이유를 설명해 준다.

    벤지의 왜곡된 시각에는 과거는 현재에 출몰하며 살아 있다는 작가의 생각이 담겨 있다. 포크너는 벤지의 상태 덕분에 자신들의 현재와 달아날 수 없는 과거를 화해시키려는 캄슨 가의 몸부림을 전할 수 있게 되는 것이다. 이처럼 독특한 서술 방식은 역시 어려운 퀜틴의 장에도 편견 없이 들어가도록 해주는데, 그 장에서 퀜틴은 결국 그를 압도하고 파괴하는 과거에 대한 자신의 왜곡된 시각과 싸움을 벌인다.

2. 〈음향과 분노〉의 출간 직후, 미국 비평가 클리프턴 패디먼(Clifton Fadiman. 1904-99)은 그 주제들이 포크너가 아낌없이 쏟아 붓는 정교한 장인솜씨를 발휘하기에는 너무 '하찮은 것들'이라고 주장했다. 반면, 많은 비평가들은 그 주제들은 캄슨 가문에서 일어나는 특정 이야기의 경계를 벗어나 인간의 삶 전반에 걸친 중심적인

문제들과 씨름하는 것이라고 반박하고 있다. 그렇다면, 그 주제들은 어떤 식으로 캄슨 가의 쇠퇴 이야기를 넘어 확장될 수 있는가?

― 줄거리가 다소 막연한 이 소설은 남부의 역사와 남북전쟁이 장기간에 걸쳐 미친 여진에 대해 좀더 폭넓게 생각할 것을 요구한다. 그 배경은 20세기 초기의 30년이지만, 등장인물들이 직면하는 많은 문제는 남북전쟁 이전의 흔적인 시대착오적이고 낡은 전통과 행위규범을 포함하기 때문이다. 그 주제들을 이해하려면, 캄슨 가에서 벌어지는 사건들을 어느 정도 남부가 남북전쟁에서 패배한 결과로 초래된 연속적인 사건들의 축도로 보아야 한다. 포크너는 많은 소설에서 남북전쟁 이후에 닥친 남부 귀족사회의 쇠퇴에 초점을 맞추고 있는데, 〈음향과 분노〉도 그 사회의 일원인 캄슨 가문의 필연적 소멸을 묘사하고 있으며, 특히 캄슨 부인과 퀜틴은 20세기 초의 좀더 현대적이고 통합된 남부에서는 부적합한 낡은 귀족 전통에 따라 삶을 영위하기 때문에 사라질 수밖에 없다. 캄슨 가문은 과거 속에서 살아가는 죄를 범하고, 남부의 많은 귀족 가문들처럼 마침내 그들의 유산이 근대화의 공격에 의해 점차 해체되는 현실을 목격하는 대가를 치르는 것이다.

3. 포크너는 캐디라는 인물이 '나의 마음속 연인'이라면서, 이 작품의 집필에 영감을 주었다고 말한 적이 있다. 캐디가 난잡한 행동 같은 수렁으로 내몰린 이유는 무엇인가? 처녀성은 남자들이 발명해낸 이상이고 여자들과는 전혀 무관하다는 캄슨 씨의 주장을 어떻게 생각하는가?

― 캐디는 캄슨 가의 아이들을 괴롭히는 거의 모든 문제의 중심에 있다. 퀜틴은 그녀에게 집착하고, 제이슨은 그녀에게 사악하게 굴며 시샘하고, 벤지는 위안을 주는 그녀의 존재에 전적으로 의존하고 있는 것이다. 사실상, 어린 나이에도 불구

하고 절망에 빠진 가족을 결속시키는 중심력 역할을 맡은 존
재 캐디는 자신과 캄슨 가를 소멸시키는 뿌리가 된다. 캐디
의 남편이 아내가 다른 남자의 아이를 임신한 사실을 알아차
리고 이혼하면서 캄슨 가를 몰락시키는 일련의 사건들이 시
작되는 것. 먼저, 제이슨은 캐디의 남편 허버트가 약속했던
은행 일자리가 무산되자 캐디에게 너무 화가 난 나머지 자신
의 모든 문제를 캐디와 조카 퀜틴 탓으로 돌리고, 그 분노는
집요하게 나타나는 증오로 발전되어 다른 기회를 모두 망쳐
버린다.

캐디에게 집착하던 퀜틴은 누이동생이 순결을 잃자, 강물
에 몸을 던진다. 퀜틴의 집착이 자살로 이어지기 오래 전, 그
위험을 예견한 캄슨 씨는 아들을 진정시키기 위해 처녀성은
단지 옛 남부의 전통과 규범에 불과하며, 그것들을 너무 진
지하게 받아들이는 사내들에게만 문제가 된다고 설명한다.
어떤 의미에서 이 같은 통찰은 과거의 전통을 따르고 엄격히
고수하는 캄슨 가의 나머지 사람들에게 신선한 대안을 제시
하지만, 그 충고가 아들의 집착을 돌려놓을 수도 있다는 희
망은 퀜틴의 자살과 함께 물거품이 되고 만다. 그 결과, 망연
자실한 캄슨 씨는 얼마 후 알코올 중독으로 세상을 떠난다.
이어 비열하고 이기적인 제이슨 4세가 그 가문을 물려받으
면서 결국 캄슨 가는 소멸의 길로 접어든다.

4.   이 소설에서 가장 마음 아픈 부분 하나는 캐디의 처녀성 상실 이후
에 벌어진 퀜틴과 캐디의 대면이다. 퀜틴이 문제 해결책으로 동반
자살을 제의하고 근친상간을 꾸며내려고 하는 이유는 무엇인가?
퀜틴과 캐디의 관계에는 성적 접촉은 없지만 근친상간의 요소가 존
재하는가?

5.   이 소설의 화자인 벤지, 퀜틴, 제이슨을 비교하고, 각 장의 유사점
     과 상이점을 서술하라. 포크너는 이 소설을 난해한 장으로 시작했
     는데, 어떤 결과를 낳았는가?

6.   벤지의 성격에 대해 생각해 보라. 이 소설의 첫 장 이외의 다른 곳
     에 만약 있다면, 어떤 목적에 기여하는가? 그는 믿을 만한 등장인
     물인가?

4.   〈음향과 분노〉에서 가장 중요한 단일 주제는 아마도 인간의 삶에서
     의 시간의 존재일 것이다. 그 관계는 네 개의 장에서 어떻게 탐구되
     고 있는가?

7.   〈음향과 분노〉에서 딜시에게 초점을 맞춘 네 번째 장이 기교적으로
     이전 세 장과 아주 다르다고 생각하는 이유는 무엇인가? 이를테면,
     유독 3인칭으로 서술한 이유는?

다음 질문에 알맞은 답을 고르시오.

1. 캄슨 가의 자녀들 가운데 맏이는?
   A. 벤지
   B. 캐디
   C. 제이슨
   D. 퀜틴

2. 딜시는 캄슨 가의 _________ (이)다.
   A. 가정부
   B. 이웃
   C. 고양이
   D. 우유 배달원

3. 제이슨이 망가뜨린 벤지의 장난감은?
   A. 흔들 말
   B. 고무공
   C. 종이인형
   D. 그레용

4. 이 작품에 등장하는 요크나파토파 군과 제퍼슨 읍이 소재하는 주는?
   A. 루이지애나
   B. 미시시피
   C. 앨라배마
   D. 조지아

5. 러스터가 잃어버린 돈을 만회하기 위해 시도하는 것은?

   A. 잔디를 깎아서

   B. 골프공을 주워서

   C. 레모네이드 가게를 열어서

   D. 제이슨의 가게에서 일해서

6. 퀜틴이 기숙사 방을 나서기 전에 부수는 것은?

   A. 안경

   B. 금목걸이

   C. 거울

   D. 시계

7. 어린 시절, 캐디와 벤지가 종종 패터슨 씨 집에 전하러 갔던 것은?

   A. 집에서 만든 쿠키와 간식

   B. 캄슨 씨의 사업상 편지

   C. 젖소에서 짠 신선한 우유

   D. 모리 외삼촌이 패터슨 부인에게 보내는 연애편지

8. 캐디가 샛강에서 놀다가 더럽히는 것은?

   A. 속옷

   B. 블라우스

   C. 구두

   D. 드레스

9. 러스터가 잃어버린 돈으로 하려던 것은?

   A. 장난감 구입

   B. 읍내에서 열리는 순회극단 쇼 구경

   C. 어머니에게 빌린 돈 갚기

   D. 내기에서 진 돈 갚기

10. 퀜틴이 이탈리아 계집아이를 만나는 곳은?

    A. 우체국

    B. 빵집

    C. 서점

    D. 시계 수리점

11. 퀜틴이 캐디에게 제의한 것은?

    A. 자살

    B. 이사 가서 퀜틴의 등록금으로 생활한다.

    C. 캐디의 태아에 대해 아버지에게 거짓말한다.

    D. 셋 모두

12. 포크너가 〈음향과 분노〉라는 제목을 가져온 작품은?

    A. 성경

    B. 밀턴의 〈실낙원〉

    C. 셰익스피어의 〈맥베스〉

    D. 기번의 〈로마제국 쇠망사〉

13. 퀜틴이 선택한 자살 방법은?

    A. 강물로 투신한다.

    B. 총을 사용한다.

    C. 목을 맨다.

    D. 음독

14. 제이슨이 일하는 곳은?

    A. 채소 가게

    B. 은행

C. 농업용품점

D. 서점

15. 제이슨이 볼 때, 퀜틴 양의 애인이 매고 있는 넥타이의 색깔은?

A. 푸른색

B. 초록색

C. 붉은색

D. 검은색

16. 제이슨은 갖고 있던 순회극단 쇼 입장권 두 장을 어떻게 하는가?

A. 불태운다.

B. 잃어버린다.

C. 러스터에게 준다.

D. 러스터에게 판다.

17. 벤지가 묘지로 가는 길에 혼란에 빠지는 이유는?

A. 골퍼들이 캐디(caddie)를 부르는 소리에 캐디가 생각났기 때문

B. 러스터가 평소 집으로 돌아가는 길에서 벗어났기 때문

C. 도로변에서 '나무 같은 냄새'를 맡고 캐디가 생각났기 때문

D. 제이슨이 비열하게 굴었기 때문

18. 1928년, 이 소설의 클라이맥스가 되는 사건이 일어난 기독교 공휴일은?

A. 부활절

B. 크리스마스

C. 만성절

D. 성회 수요일

19. 캄슨 부인은 _________ 이(가) 좋지 않다.

A. 청력

B. 시력

C. 자세

D. 위생

20. 제이슨이 캐디가 보낸 돈을 가로채 투자하는 곳은?

A. 금

B. 오일

C. 콩

D. 면화

21. 퀜틴 양이 제이슨에게서 훔치는 것은?

A. 자동차

B. 돈

C. 사업상의 서류

D. 금시계

22. 벤지가 받는 수술은?

A. 거세

D. 편도선 절제술

C. 맹장 수술

D. 뇌전두엽 절제술

23. 보안관은 퀜틴이 도둑질을 했다는 제이슨의 말을 듣고 어떤 반응을
보이는가?

A. 액면 그대로 받아들이지 않고 증거가 없이는 도와줄 수 없다고
말한다.

B. 즉시 퀜틴을 뒤쫓는다.

C. 캄슨 부인을 조사하기 위해 캄슨 가로 간다.

D. 너무 바빠 그 일을 보안관보에게 떠넘긴다.

24. 캐디의 결혼식 날, 티피가 '사스프릴라'라고 생각한 것은 실제로 무엇이었나?

A. 위스키소다

B. 루트 비어

C. 샴페인

D. 탄산수

25. 포크너의 주요 주제들 가운데 하나는 남부 ________ 의 쇠퇴다.

A. 요리

B. 귀족 가문

C. 패션 감각

D. 문화와 미술

정답

1. D   2. A   3. C   4. B   5. B   6. D   7. D   8. A   9. B   10. B

11. D   12. C   13. A   14. C   15. C   16. A   17. B   18. A   19. B   20. D

21. B   22. A   23. A   24. C   25. B

미국에서 1억부 이상 판매된 기적의 논술가이드
클리프노트가 한국에 상륙했다!!

방대한 고전을 하루만에 독파하는 스피드
다락원 명작노트 **CliffsNotes™** 시리즈는

▶ 미국대학위원회, 서울대, 연·고대 추천 고전을 알기 쉽게 재구성한 대한민국 대표 논술교과서입니다. ▶ 작품의 핵심내용과 사상, 역사적 배경, 심볼, 작가의 의도 등을 명확하게 정리하여 방대한 원작을 쉽고 빠르게 이해할 수 있게 해줍니다. ▶ 미국에서 리포트, 논술용으로 1억 부 이상 팔린 초베스트셀러의 명성에 비평적 사고와 논리적 글쓰기의 모델을 제시하는 〈一以貫之〉의 논술 노트를 통해 사고 능력, 읽기 능력, 쓰기 능력을 체계적으로 길러줍니다.

★〈一以貫之〉 논술연구모임: 대입 논술이 시작될 때부터 학원과 학교에서 논술을 가르쳐온 전문가들의 모임입니다. 현재 서울·분당·평촌·인천·광주·부산·울산 등의 유명 학원과 고등학교의 논술강의 현장에서 학생들이 '자신의 물음'과 '자신의 생각'을 갖고 '자신의 글'을 쓸 수 있도록 도와주고 있습니다.

다락원 명작노트 CliffsNotes™ 시리즈 50권 출간

001 걸리버 여행기　002 동물농장　003 허클베리 핀의 모험　004 호밀밭의 파수꾼　005 구약 성서

006 신약 성서　007 분노의 포도　008 빌러비드　009 이반 데니소비치의 하루　010 카라마조프 가의 형제들

011 순수의 시대　012 안나 카레니나　013 멋진 신세계　014 캉디드　015 캔터베리 이야기　016 죄와 벌

017 크루서블　018 몽테크리스토 백작　019 데이비드 코퍼필드　020 프랑켄슈타인　021 신곡

022 막대한 유산　023 햄릿　024 어둠의 심연 外　025 일리아드　026 진지함의 중요성　027 제인 에어

028 앵무새 죽이기　029 리어 왕　030 파리대왕　031 맥베스　032 보바리 부인　033 모비딕

034 오디세이　035 노인과 바다　036 오셀로　037 젊은 예술가의 초상　038 주홍 글씨　039 테스

040 월든　041 워더링 하이츠　042 레미제라블　043 오만과 편견　044 올리버 트위스트　045 돈키호테

046 1984년　047 이방인　048 율리시스　049 실낙원　050 위대한 개츠비

〈행복한 명작 읽기〉는 기초가 약한 영어 초급자나 초, 중, 고 학생들이 보다 즐겁고 효과적으로 명작들을 읽으며 독해력을 키울 수 있도록 개발된 **독해력 증강 프로그램**입니다.

책의 특징

1 골라 읽는 재미가 있다. 초보자를 위한 350단어 수준에서 중고급자를 위한 1,000단어 수준까지 5단계 구성.

2 단계별로 효과적인 영어 읽기 요령과 영문 고유의 참맛을 느낄 수 있는 장치가 곳곳에.

3 읽기만 해도 영어의 키가 쑥쑥 - 해석을 돕는 돼지꼬리(⌒), 영어표현 및 문법 설명, 퀴즈가 왕창.

4 체계적인 듣기 학습까지. 전문 미국 성우들의 생동감 넘치는 원음을 담은 오디오 CD 제공.

왕초보 기초다지기

쉬운 영문을 통해 영어 독해에 대한 막연한 두려움을 없앤다.

Grade 1 — Beginner — 350 words

1 미녀와 야수
2 인어공주
3 크리스마스 이야기
4 성냥팔이 소녀 외
5 성경 이야기 1
6 신데렐라
7 정글북
8 하이디
9 아라비안 나이트
10 톰 아저씨의 오두막

Grade 2 — Elementary — 450 words

11 이솝 이야기
12 큰 바위 얼굴
13 빨간머리 앤
14 플랜더스의 개
15 키다리 아저씨
16 성경 이야기 2
17 피터팬
18 행복한 왕자 외
19 몽테크리스토 백작
20 별 | 마지막 수업

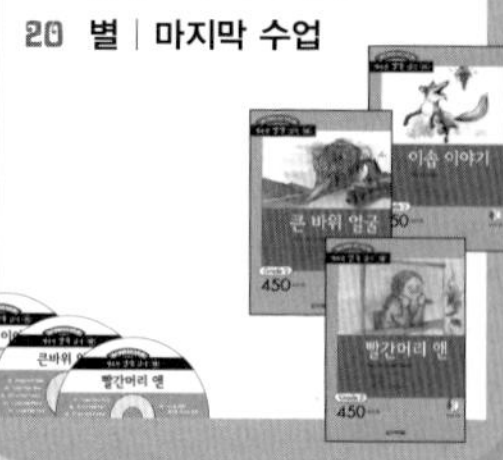

국판 | **Grade** 1, 2, 3 각권 **6,000원**
(오디오 CD 1개 포함)

Grade 4, 5 각권 **7,000원**
(오디오 CD 1개포함)

*어린왕자 **8,000원**
(오디오 CD 2개 포함)

고도를 기다리며 **9,000원
(오디오 CD 2개 포함)

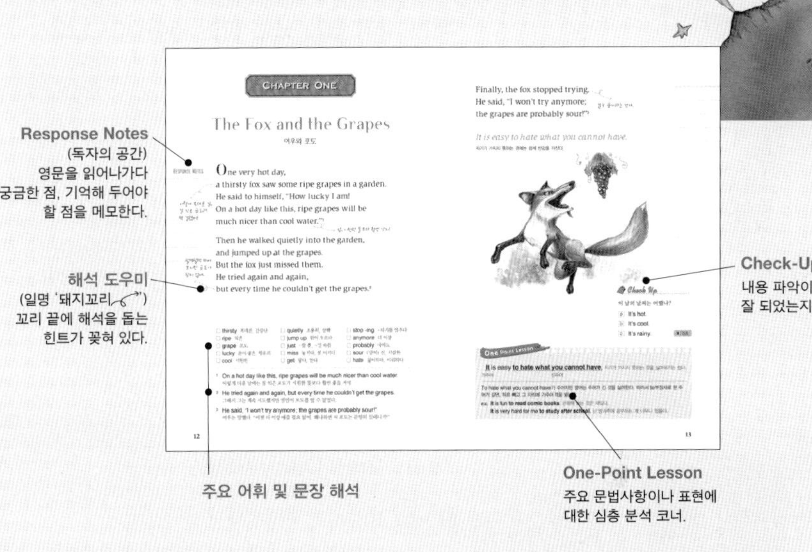

Response Notes
(독자의 공간)
영문을 읽어나가다
궁금한 점, 기억해 두어야
할 점을 메모한다.

해석 도우미
(일명 '돼지꼬리')
꼬리 끝에 해석을 돕는
힌트가 꽂혀 있다.

주요 어휘 및 문장 해석

Check-Up
내용 파악이
잘 되었는지 확인.

One-Point Lesson
주요 문법사항이나 표현에
대한 심층 분석 코너.

실력 굳히기

실력에 맞게 효과적으로 끊어 읽으며 직독직해 훈련을 한다.

영어의 맛
제대로 느끼기

영문판 원서 도전을 위한
전 단계의 준비과정이다.

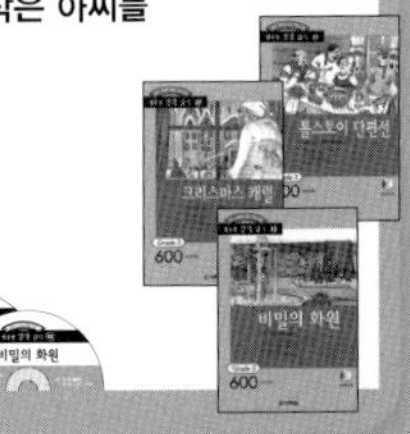

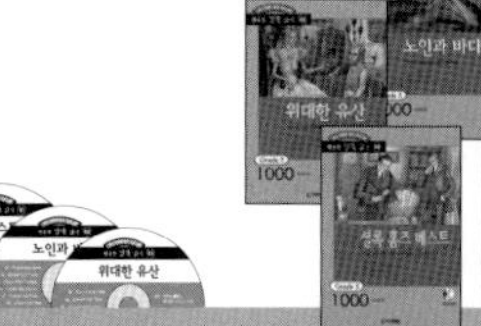

패턴 따라 쉽게 쓰는 틴틴 영어일기 1, 2

❶ 일상생활 패턴정복
❷ 학교생활 패턴정복

중학교에 다니는 여학생과 남학생이 각각 일상생활과 학교생활을 중심으로 1년간의 일을 쉽고 재미있게 쓴 영어일기. 중학생이라면 누구나 한번쯤 겪어봤을 만한 일들을 바탕으로 한 다양한 일기 소재와 어휘가 제공되어 있기 때문에, 영어일기를 통해 영작을 연습하려는 학습자에게 큰 도움이 될 수 있는 교재이다. 중·고생뿐만 아니라, 중학 영어를 미리 예습하려는 예비 중학생들에게도 아주 효과적인 영어 학습서로 강추!

□ 정미선 지음 / 4·6배 변형 / 192면
□ 정가 10,000원 (오디오 CD 1개 포함)

Teen Teen Diary (전3권)

❶ 매일 10단어로 뚝딱 중학생 영어일기

중1 수준의 어휘와 문장으로, 영어일기와 일상회화에 대한 감각을 익힌다.

□ 정미선 지음 / 신국판 / 144면
□ 정가 7,500원 (테이프 1개 포함)

❷ 매일 5문장으로 술술 중학생 영어일기

중2 수준의 어휘와 문장으로, 영어일기에 친숙해지고 자신감을 쌓는다.

□ 정미선 지음 / 신국판 / 152면
□ 정가 7,500원 (테이프 1개 포함)

❸ 매일 내맘대로 쓱싹 중학생 영어일기

중3 수준의 어휘와 문장으로, 중학영어를 마스터하고 미국의 일상회화에 익숙해진다.

□ 정미선 지음 / 신국판 / 144면
□ 정가 7,500원 (테이프 1개 포함)

지니의 미국생활 영어일기 Hello! America (전2권)

❶ 가을학기 ❷ 봄학기

어느 한국 여학생의 미국생활 이야기를 일기 형식으로 담은 책. 1권은 '가을학기', 2권은 '봄학기'편으로, 총 1년간의 미국 학교생활 및 일상생활에 관한 흥미로운 이야기들이 담겨 있다. 미국 학생들의 실생활을 바탕으로 한 탄탄한 스토리로 살아 있는 현지 영어와 미국문화를 체험할 수 있을 뿐만 아니라, 영어 독해 및 영작 연습을 할 수 있는 아주 유용한 교재이다.

□ 이지현 지음 / 국배판 변형 / 152면
□ 정가 8,500원